SCM

Stiftung Christliche Medien

SCM Hänssler ist ein Imprint der SCM Verlagsgruppe, die zur Stiftung Christliche Medien gehört, einer gemeinnützigen Stiftung, die sich für die Förderung und Verbreitung christlicher Bücher, Zeitschriften, Filme und Musik einsetzt.

MIX
Papier | Fördert gute Waldnutzung
FSC® C014496

5. Auflage 2024

Max-Eyth-Straße 41 · 71088 Holzgerlingen
Internet: www.scm-haenssler.de · E-Mail: info@scm-haenssler.de

Lektorat: Christiane Kathmann, www.lektorat-kathmann.de
Griechischer und hebräischer Text: Ulrich Wendel
Umschlaggestaltung: Vogelsang Design, Aachen, www.vogelsangdesign.de
Titelbild: Adobe Stock: Piotr, 248302730
Autorenfoto: © Rahel Täubert
Satz: typoscript GmbH, Walddorfhäslach
Druck und Bindung: GGP Media GmbH, Pößneck
Gedruckt in Deutschland
ISBN 978-3-7751-6000-1
Bestell-Nr. 396.000

Anatoli Uschomirski

Die Bergpredigt aus jüdischer Sicht

Was Juden und Christen gemeinsam von Jesus lernen können

SCM
Hänssler

Ich möchte dieses Buch meiner Familie widmen.

Irina, meiner Frau, meiner besten Freundin,
meiner Komplizin und Geliebten, mit der ich seit vierzig Jahren
durch die Höhen und Tiefen des Lebens gehe.

Meine Tochter Alexandra und ihr Mann Dennis mit meinen
mehr als geliebten Enkelkindern Yael und Noam sollen
diese Zeilen als Bereicherung ihres Lebens sehen dürfen.

Und nicht zuletzt hoffe und bete ich, dass sowohl messianische
Juden als auch Christen von meinen Erläuterungen profitieren
können, um das Reich unseres Herrn weiter zu bauen.

INHALT

VORWORT VON ARMIN BACHOR

Es freut mich sehr, dass wir die »Bergpredigt aus jüdischer Sicht« in der vierten Auflage vorliegen haben. Das verdeutlicht, wo wir in der Beziehung zu den messianischen Juden in Deutschland stehen: Wir leben, denken und glauben in einer Lerngemeinschaft! Geben und Nehmen in beide Richtungen und stetiges, gemeinsames Fragen prägt unsere Gemeinschaft.

Es ist es für mich eine besondere Freude, dass unser Mitarbeiter Anatoli Uschomirski uns allen diesen Dienst erweist.

Dieses Buch ist gefragt, weil es authentisch und kompakt den Faden einer in der Auslegung der Bibel weithin vergessenen Tradition aufnimmt: den zeitgeschichtlich-jüdischen Hintergrund des Neuen, oder besser: Zweiten Testamentes nachzuzeichnen, der sich bisweilen selbst auch aus der viel späteren jüdischen Tradition heraus nachzeichnen lässt.

Für mich werden die Worte unseres Herrn durch den lebendigen Streifzug durch die Bergpredigt farbhaltiger und schärfer. Diese Tiefenschärfe lässt mich eine weitere Dimension erkennen.

Warum greifen so viele Leser zu diesem Buch?

Ich denke, es ist die authentische Frage nach den Wurzeln unseres Glaubens und dem »Wie« in der Nachfolge Jesu.

Ich wünsche diesem Buch, dass es nicht nur von Christen, sondern auch von noch-nicht-an-Jesus-glaubenden Juden gelesen wird – denn beide können noch vieles *gemeinsam* von Jesus lernen!

Armin Bachor
Theologischer Leiter und Geschäftsführer des EDI

VORWORT DES AUTORS

Als Jude, der in der ehemaligen Sowjetunion geboren wurde, wuchs ich in einer atheistischen Gesellschaft auf. Ich kannte nicht einmal die Heilige Schrift und erst recht nicht die jüdische Tradition. Vor 27 Jahren kam ich jedoch zu der Überzeugung, dass Jeschua, Jesus von Nazareth, der verheißene Messias Israels ist. Als ich das Neue Testament las, war ich überrascht, was dadurch in mir ausgelöst wurde: Meine abgestumpfte jüdische Wurzel wurde auf einmal lebendig und verlangte nach Nahrung. Die jüdische Identität des Messias gab mir Mut, meine eigene Identität zu entdecken und auszuleben.

Die Bibel erwies sich als ein historisches Dokument, das nur unter dem Volk Israel entstehen konnte. Daraus lernte ich, dass es unabdingbar ist, die Bibel aus jüdischer Sicht zu verstehen. Die christliche Sichtweise verliert dadurch nicht etwa, sondern profitiert sehr stark. Wichtige Werke wie *Mischna*, *Talmud*, *Targume*, *Midraschim*, Schriften von *Qumran*, die Sammlung von jüdischen Gebeten (*Siddur*), Abhandlungen von Josephus und Philo wurden viele Jahrhunderte lang in der christlichen Auslegung der Bibel nicht berücksichtigt. Andererseits lesen die Juden das Neue Testament nicht und können ihre wertvollen Erkenntnisse nicht auf die neutestamentlichen Schriften anwenden. Durch meine Begegnung mit Juden und Christen, die sich für das Wort Gottes interessieren, bekam ich viele Impulse, dieses Buch zu schreiben.

Ganz besonders dachte ich beim Schreiben an die messianischen Juden, die so wie ich in einer Gesellschaft aufgewachsen sind, wo sie ihre jüdische Identität nicht ausleben konnten. Die siebzig Jahre Kommunismus gingen an uns nicht spurlos vorüber. Wir wussten sehr gut, dass wir Juden sind, weil der latente Antisemitismus immer vorhanden war. Unsere jüdische Nationalität stand in unserem Personalausweis. Paradoxerweise gab es zwei Staaten, die ehemalige Sowjetunion und den Nazistaat Deutschland, die ihren jüdischen Mitbürgern »Jude« als Nationalität (nicht als Religionszugehörigkeit) in die Ausweise schrieben. Dieser Vermerk (im Russischen »der fünfte Paragraf« genannt) kostete in Deutschland viele das Leben.

Für die sowjetischen Juden war dieser Vermerk allerdings trotz der vielen Nachteile oft der einzige Anker, der sie mit dem Volk Israel verband. Mit seiner Hilfe konnten sie nach der Perestroika ihre Herkunftsländer verlassen und in die Länder auswandern, in denen Religionsfreiheit herrschte, zumindest auf dem Papier. Viele solcher Juden kamen wie ich zum Glauben an Jesus. Und seitdem bemühen sich einige von uns, dass unsere jüdischen Brüder und Schwestern sowie unsere christlichen Geschwister eine neue Sicht auf ihre Bibel bekommen und dadurch noch fester mit dem Messias, aber auch mit dem Volk Israel verbunden werden.

ES WAR DIE EINZIGARTIGE IDEE GOTTES, DASS UNS DIE BIBEL ALS JÜDISCHES DOKUMENT ÜBERLIEFERT WURDE.

Gott wirkt nicht an Raum, Zeit und Kultur vorbei. Es war die einzigartige Idee Gottes, dass uns die Bibel als jüdisches Dokument überliefert wurde. Das gilt sowohl für den TeNaCH[1] (das sog. Alte Testament) als auch für das Neue Testament. Obwohl viele den TeNaCH als Hebräische Bibel bezeichnen und das Neue Testament wegen der Sprache als den griechischen Teil, beinhaltet gerade das Neue Testament hauptsächlich hebräische Ideen. Und während der TeNaCH seit Jahrhunderten von jüdischen Rabbinern und christlichen Bibelwissenschaftlern kommentiert wurde, finden wir sehr selten eine jüdische Auslegung zum Neuen Testament.

Da ich sehr viel in verschiedenen christlichen Gemeinden und Kirchen unterwegs bin, wurde ich oft gefragt: Warum brauchen wir eine jüdische Sicht auf die Bergpredigt? Darauf gibt es mehrere Antworten:

- Die Bibel ist ein jüdisches Buch.
- Jesus war ein Jude.
- Seine ersten Jünger waren Juden.
- Die Schreiber der Evangelien waren fast alle Juden.

Daraus ergibt sich: Ohne die jüdische Brille verstehen wir das Neue Testament sehr einseitig. Es ist kein Geheimnis, dass viele Schriften und Kommentare in der christlichen Hermeneutik in einer heftigen Polemik mit dem Judentum entstanden sind, manche davon sind sogar antijüdisch. Das betrifft vor allem die Abhandlungen zu den Schriften des Neuen Testaments.

OHNE DIE JÜDISCHE BRILLE VERSTEHEN WIR DAS NEUE TESTAMENT SEHR EINSEITIG.

Andererseits haben sich die Juden bewusst von den Schriften des Neuen Testaments distanziert. Erst seit Ende des 20. Jahrhunderts ist unter Juden das Interesse daran gewachsen, allerdings hauptsächlich aus historischem Interesse, denn es gab unter den jüdischen Gelehrten nur wenige, die an Jesus glaubten.

Heute hat sich die Situation verändert. Seit fünfzig Jahren breitet sich die messianische Bewegung weltweit aus. Unter jesusgläubigen Juden gibt es manche, die sich darum bemühen, das Wort Gottes aus jüdischer Sicht zu studieren und ihre Erkenntnisse an andere weiterzugeben. Ich empfinde es als Privileg, die jüdische Auslegung zum Neuen Testament kennenzulernen, ohne dass ich dadurch die christliche abwerten möchte.

Als Nachfolger Jesu lieben wir Gott und sein Wort. Und wenn wir etwas lieben, dann wollen wir mehr davon haben. Um dieses »Mehr« geht es mir: Wie können wir noch besser verstehen, was Jesus uns in seinen Reden heute sagen möchte?

Albert Einstein wurde einmal gefragt: »Wie haben Sie es geschafft, Ihre Relativitätstheorie zu erschaffen?« Er antwortete: »Ich bin gemeinsam mit anderen Wissenschaftlern den klassischen Weg der drei Gesetze Newtons gegangen. Aber an ganz banalen Stellen, wo andere in ihrer Forschung einfach weitergingen, bin ich hängen geblieben. Dadurch bekam ich einen neuen Blick auf diese Stellen und konnte die Welt anders sehen.«

So möchte ich die Bergpredigt, einen der bekanntesten Texte aus dem Neuen Testament, beleuchten und dabei an den Worten, die schon seit fast 2 000 Jahren gelesen werden, hängen bleiben und sie mit meiner jüdischen Brille betrachten. Dabei folge ich oft der Schriftauslegung von Rabbi Alex Blend, Rabbi Pinchas Polonsky und Dr. Guido Baltes. Allen drei bin ich sehr dankbar für die ausgezeichnete Bibellehre, die ich in ihren Veröffentlichungen gelesen und in persönlichen Begegnungen vernommen habe.

Auch bin ich Christa Jäger und Christiane Kathmann sehr dankbar, die sehr gewissenhaft meine Lücken in der deutschen Sprache ausgebügelt haben.

Ich freue mich, wenn Sie mich auf der spannenden Reise durch die Bergpredigt begleiten und dabei Ihre wertvollen Erkenntnisse über die Lehre Jesu ergänzen.

Antoli Uschomirski

EINFÜHRUNG

Das Leben Jesu wird uns in vier Evangelien berichtet. In diesem Buch geht es um die Bergpredigt, wie sie im Matthäusevangelium überliefert ist. Manchmal zitiere ich auch andere Bibelverse aus dem Neuen Testament, meist verwende ich jedoch die Texte, die den Menschen bekannt waren, als Jesus seine berühmten Worte sprach, also Verse aus dem Alten Testament oder aus der jüdischen Tradition. Dennoch erscheint es mir notwendig, die Entstehung der Evangelien hier grundsätzlich zu erläutern.

Entstehung der Evangelien

Nach dem Tod und der Auferstehung von Jesus von Nazareth wurde seine Geschichte weitererzählt. Die mündliche Tradition war in Israel hoch entwickelt, die Weitergabe war eine richtige Wissenschaft, die man erlernen konnte. Und so wurde die Geschichte von Jesus ein Teil der jüdischen mündlichen Tradition. Wie Jesus geboren wurde, wie er seine Jünger auswählte, wie er Menschen heilte, vor allem aber, was er lehrte. Und selbstverständlich erzählte man von seinem Tod und seiner Auferstehung. Zwischen 60 und 80 n. Chr. kam zum ersten Mal das Bedürfnis auf, diese Geschichten aufzuschreiben. So entstanden die sogenannten synoptischen Evangelien (griech. *syn* = zusammen; *ópsis* = Sicht, sehen; *sýnopsis* = gemeinsamer Blick).

Die Evangelien sind Augenzeugenberichte, aber auch eine einzigartige literarische Gattung mit einer besonderen Struktur. Die Geschichten sind nicht fest miteinander verbunden wie in den Geschichtsberichten im Alten Testament. Aufgrund dessen eignen sie sich besonders für Predigten, weil keine Vorkenntnisse notwendig sind. Das gilt nicht nur für alle Gleichnisse, sondern auch für die Wunderheilungen, die Episode, als ein Gesetzeslehrer zu Jesus kommt, seine Fragen stellt und eine Antwort bekommt, oder das letzte Abendmahl, die Geschichte der Kreuzigung Jesu und seiner Auferstehung. Die einzelnen Geschichten sind zwar durch einen Hauptgedanken miteinander verbunden, aber trotzdem in sich vollständig. So ist auch die Bergpredigt für sich selbst eine Lehreinheit des Messias.

Nach wissenschaftlichen Erkenntnissen hat Markus das erste Evangelium geschrieben. Als Matthäus dieses las, merkte er wohl, dass es ein von Gott inspiriertes Dokument ist, aber, salopp gesagt, fehlte ihm etwas. Wir wissen, dass Markus kein Apostel war, sondern eine Art Sekretär von Petrus. Höchstwahrscheinlich schrieb er sein Evangelium für Nichtjuden. Das Zentrum des Markusevangeliums sind der Tod und die Auferstehung Jesu, dies ist das Zentrale in allen vier Evangelien. Aber Markus erwähnt ein wichtiges Thema nicht, das wir im Matthäusevangelium finden: Die Lehre Jesu, von der die Bergpredigt einen sehr großen Teil ausmacht.

NACH JÜDISCHER VORSTELLUNG SOLLTE DER MESSIAS VOR ALLEM EIN LEHRER DER TORA SEIN.

Matthäus schrieb sein Evangelium für die Juden und nach jüdischer Vorstellung sollte der Messias vor allem ein Lehrer der Tora sein. Dies verdeutlicht beispielsweise die Aussage der samaritischen Frau: »Ich weiß, dass der Messias kommt, der Christus genannt wird; wenn jener kommt, wird er uns alles verkündigen« (Johannes 4,25). Die Worte »alles verkündigen« beziehungsweise »die Wahrheit lehren« bedeuten im jüdischen Kontext: das Wort Gottes, die Tora, richtig erklären. Daher legte Matthäus einen Schwerpunkt auf die Lehre Jesu.

»Die Tora nach Matthäus«

Das Original des Matthäusevangeliums wurde auf Hebräisch geschrieben, das belegen fünf wichtige historische Quellen.[2] Später wurde es ins Griechische übersetzt und das hebräische Original ging verloren. Die älteste überlieferte Übersetzung ist der sogenannte *Codex Sinaiticus* aus dem Jahr 350, der in der Universitätsbibliothek in Leipzig aufbewahrt wird. Wenn wir heute das Matthäusevangelium auf Deutsch lesen, handelt es sich in gewissem Sinne um eine doppelte Auslegung, denn jede Übersetzung ist in sich schon eine Art Auslegung, weil der Übersetzer nicht in einem freien Kulturraum wirkt, sondern in einer Glaubens- und Auslegungstradition und es für fast jedes Wort mehrere Übersetzungsmöglichkeiten gibt.

Der Aufbau des Matthäusevangeliums entspricht nach Ansicht einiger Wissenschaftler, denen ich mich anschließe, dem Muster der fünf Bücher Mose beziehungsweise der Tora.

Die wichtigsten Themen der »matthäischen Tora« sind kurzgefasst die folgenden:

- **I. Buch (Kap. 1–8):** Die Richtlinien des Gottesreiches, Johannes der Täufer, Geschlechtsregister, die Taufe Jesu, die Versuchung und die Bergpredigt.
- **II. Buch (Kap. 8–10):** Jüngerschaft und Nachfolge.
- **III. Buch (Kap. 11–13):** Wer ist der Messias?
- **IV. Buch (Kap. 13–19):** Kehila, die Gemeinde: Der Sinn der Gemeinde, sieben Eigenschaften der Gemeinde und anderes.[3]
- **V. Buch (Kap. 19–27):** Der Weg des Kreuzes, Nachfolge, das Zweite Kommen, sieben Gleichnisse über das Gericht.
- **Schluss (Kap. 27–28):** Apokalyptik, Messianisches Reich, Missionsauftrag.

Warum hat Matthäus ausgerechnet diesen Aufbau für sein Evangelium gewählt?

Die Antwort auf diese Frage hängt mit einer anderen zusammen: Wer ist die wichtigste Person, die mit der Tora verbunden ist? Juden würden antworten: Mose.

Matthäus stellt den Messias als den neuen Mose vor und verwendet daher dieses stilistische Mittel.

Und tatsächlich gibt es im Leben von Jesus und Mose beziehungsweise von Jesus und dem ganzen Volk Israel unverkennbare Parallelen, von denen einige in der folgenden Tabelle aufgelistet sind:

Mose	**Jesus**
Kurz nach seiner Geburt gerät er in unmittelbare Todesgefahr. Der Pharao hat den Tod vieler unschuldiger jüdischer Kinder angeordnet.	Kurz nach seiner Geburt gerät er in unmittelbare Todesgefahr. Herodes hat den Tod vieler unschuldiger jüdischer Kinder angeordnet.
Mose verbringt seine Kindheit in Ägypten.	Jesus verbringt einen Teil seiner Kindheit in Ägypten.
Mose wird durch ein Wunder gerettet.	Jesus wird durch ein Wunder gerettet.
Auf den Befehl von Mose wird das Meer gespalten.	Jesus beherrscht das Meer.
Mose kommt aus Ägypten nach Kanaan (zukünftig: Israel).	Jesus kommt aus Ägypten nach Israel.
Mose fastet 40 Tage auf dem Sinai.	Jesus fastet 40 Tage in der Wüste.
Mose hat ein »Team« von siebzig Mitarbeitern.	Jesus sendet siebzig Jünger aus.
Mose bekommt die Offenbarung Gottes auf einem Berg.	Jesus steigt auf einen Berg und gibt die Offenbarung Gottes an Israel weiter.
Moses erlebt, dass sein Gesicht nach der Begegnung mit Gott übernatürlich strahlt.	Jesus erlebt, dass die Herrlichkeit Gottes durch sein Gesicht strahlt.

Mose übt Fürbitte für sein Volk.	Jesus übt Fürbitte für sein Volk.
Mose erscheint nach seinem Tod vier Personen.	Jesus erscheint nach seinem Tod unzähligen Menschen.

Volk Israel	**Jesus**
Israel geht durch das Wasser (Schilfmeer, Jordan).	Jesus geht durch das Wasser (Taufe im Jordan) und auf dem Wasser (See Genezareth).
Israel wird der erstgeborene Sohn genannt (2. Mose 4,22).	Jesus ist der erstgeborene Sohn.
Israel geht durch die Wüste (40 Jahre).	Jesus geht in die Wüste (40 Tage).
Israel wird in der Wüste geprüft.	Jesus wird in der Wüste geprüft.

Dieses Buch behandelt den letzten Teil des ersten Buchs der »Tora nach Matthäus«. Die Bergpredigt findet sich im Neuen Testament nur bei Matthäus, in der sogenannten »Feldrede« im Lukasevangelium (Lukas 6,17-49) finden sich jedoch einige Parallelen.

Ein wichtiger Hinweis steht in beiden Versionen:

> Und er erhob seine Augen zu seinen Jüngern und sprach: Glückselig ihr Armen, denn euer ist das Reich Gottes.
>
> *Lukas 6,20*

> Als er aber die Volksmengen sah, stieg er auf den Berg; und als er sich gesetzt hatte, traten seine Jünger zu ihm.
>
> *Matthäus 5,1*

Beide Verse geben uns Aufschluss darüber, an wen die Bergpredigt gerichtet ist: an die Jünger Jesu, die zukünftigen Multiplikatoren. Mit anderen Worten: an die zukünftigen Lehrer. Die Bergpredigt ist keine Bundesverfassung des Himmelreichs, sie enthält keine allgemeinen Rechte und Pflichten für alle Menschen, sondern ist eine Art Betriebsanleitung für hingegebene Jünger Jesu.

Die in Matthäus erwähnte und in Lukas implizite Sitz- beziehungsweise Stehordnung ist Teil der jüdischen Tradition. Wenn ein jüdischer Lehrer zu lehren beginnt, geht er nicht auf die Kanzel, sondern er setzt sich. Unmittelbar vor dem Lehrer sitzen seine besten Jünger. Allerdings sind die besten nicht diejenigen, die alles verstanden haben, sondern diejenigen, die die meisten Fragen stellen. Und wehe, wenn einer der besten Jünger während der Lehreinheit keine Frage stellt, er wird gleich nach hinten versetzt.

DIE BERGPREDIGT IST EINE ART BETRIEBSANLEITUNG FÜR HINGEGEBENE JÜNGER JESU.

Wie wichtig gute Fragen sind, verdeutlicht auch der folgende Witz:

> Ein Christ fragt einen Juden: »Warum antwortet ihr Juden auf eine Frage eigentlich immer mit einer Gegenfrage?«
> »Warum nicht?«

Die Bergpredigt umfasst drei Kapitel im Evangelium nach Matthäus. Ich habe mich hauptsächlich auf das fünfte Kapitel konzentriert, weil es meiner Ansicht nach das wichtigste ist. In den Kapiteln 6 und 7 kommen zwar auch bedeutende Themen vor, wie Almosengeben, Beten, Fasten, aber sie alle zu behandeln, würde den Rahmen dieses Buches sprengen und vom Wesentlichen ablenken. Aus dem sechsten Kapitel werde ich daher lediglich das Thema »Beten« herausgreifen und das wichtigste Gebet der Christen, das Vaterunser, aus jüdischer Sicht betrachten.

Teil 1

VORAUSSETZUNGEN FÜR JÜNGER

DIE SELIGPREISUNGEN

Als er aber die Volksmengen sah, stieg er auf den Berg; und als er sich gesetzt hatte, traten seine Jünger zu ihm. Und er tat seinen Mund auf, lehrte sie und sprach:

Glückselig die Armen im Geist,
denn ihrer ist das Reich der Himmel.

Glückselig die Trauernden,
denn sie werden getröstet werden.

Glückselig die Sanftmütigen,
denn sie werden das Land erben.

Glückselig, die nach der Gerechtigkeit hungern und dürsten,
denn sie werden gesättigt werden.

Glückselig die Barmherzigen,
denn ihnen wird Barmherzigkeit widerfahren.

Glückselig, die reinen Herzens sind,
denn sie werden Gott schauen.

Glückselig die Friedensstifter,
denn sie werden Söhne Gottes heißen.

Glückselig die um Gerechtigkeit willen Verfolgten,
denn ihrer ist das Reich der Himmel.

> Glückselig seid ihr, wenn sie euch schmähen und verfolgen und alles Böse lügnerisch gegen euch reden werden um meinetwillen.
>
> Freut euch und jubelt, denn euer Lohn ist groß in den Himmeln; denn ebenso haben sie die Propheten verfolgt, die vor euch waren.
>
> *Matthäus 5,1-12*

Ganz am Anfang der Bergpredigt stehen die Seligpreisungen. Beim Studium dieser Verse ist es wichtig, so weit wie möglich in die Schuhe der damaligen Zuhörer zu schlüpfen. Leider wissen wir nicht allzu viel über sie. Nur zwei Dinge sind sicher:

1. Sie sprachen Hebräisch, aber vor allem Aramäisch.
2. Sie kannten ihre Bibel sehr gut (viele auch auswendig).

Das heißt: Hebräische und aramäische Ausdrücke weckten bei den jüdischen Zuhörern aus dem ersten Jahrhundert n. Chr. bestimmte Bilder und Assoziationen, da sie an Verse aus dem Alten Testament erinnern. Als Beispiel sei das erste Wort dieser Predigt genannt:

> Glückselig die Armen im Geist, denn ihrer ist das Reich der Himmel.
>
> *Matthäus 5,3*

Das hebräische Wort für glückselig ist *aschrei*. Menschen, die mit der Hebräischen Bibel vertraut sind, wissen, was dies bedeutet. In der Tora finden wir folgende Ausdrücke:

wato'mär le'ah be'aschri ki 'ischschruni banot watikra' 'ät-schmo 'aschär.

Da sprach Lea: Zu meinem Glück! Denn glücklich preisen mich die Töchter. Und sie gab ihm den Namen Asser.

1. Mose 30,13

'aschrei ha'isch 'aschär lo' halach ba'azat rescha'im uwedäräch chatta'im l'o 'amad uwemoschaw lezim l'o jaschaw.

Glücklich der Mann, der nicht folgt dem Rat der Gottlosen, den Weg der Sünder nicht betritt und nicht im Kreis der Spötter sitzt

Psalm 1,1

Glücklich oder selig bedeutet erfolgreich und fruchtbar zu sein beziehungsweise zuverlässig und entschlossen den rechten Weg zu gehen. Selig sind die Menschen, die ihr Ziel im Auge behalten und es auch erreichen. Doch warum stehen die Seligpreisungen gerade hier, am Anfang der Lehre Jesu? Wozu sind sie da?

In den Seligpreisungen erklärt Jesus, was er von seinen Jüngern erwartet. Es war damals für jüdische Lehrer typisch, so anzufangen. Rabbi Tarfon sagte beispielsweise: »Nur der, der sich vom Fleisch enthält, kann ein Jünger werden.« Alle seine Predigten begann er auf diese Weise. Somit wusste der Zuhörer, woran er mit ihm war, und musste sich entscheiden, ob er bereit war, vegetarisch zu leben, um ein Jünger von Rabbi Tarfon zu werden. Ein anderer Lehrer, Rabbi Akiwa, begann seine Predigt, indem er auf die beiden wichtigsten Gebote hinwies: Liebe Gott und liebe deinen Nächsten. Dadurch wusste der Zuhörer sofort, was von ihm erwartet wurde.[4]

SELIG SIND DIE MENSCHEN, DIE IHR ZIEL IM AUGE BEHALTEN UND ES AUCH ERREICHEN.

Jesus macht es ebenso. Am Anfang seiner Lehre erklärt er seinen Jüngern, was auf sie zukommt. Ein harter Weg und kein attraktiver Lohn im Diesseits! Aber das ist der Weg, um ein Jünger Jesu zu werden und von ihm zu lernen.

Glückselig die Armen im Geist

> Glückselig die Armen im Geist, denn ihrer ist das Reich der Himmel.

Oder anders ausgedrückt: Selig sind die Menschen, die vor Gott arm sind, die aber auf dem rechten Weg zu den Reichtümern Gottes in seinem Herrschaftsbereich sind.

Den Begriff *'anijei ruach*, geistlich arm, kennen wir von den Essenern. So nannten sich die Qumranleute. In den rabbinischen Schriften und den Qumranschriften sind »geistlich Arme« Menschen, die demütig auf den Tag des Herrn warten und ständig auf das Kommen des Messias harren.

Meiner Ansicht nach gibt »ihrer ist das Himmelreich« die Aussage von Jesus nicht ganz korrekt wieder. Wir können das Reich nicht besitzen, es gehört uns nicht, sondern dem Schöpfer. Hier sollte stehen: »aus diesen« beziehungsweise »aus solchen wie diesen« besteht das Himmelreich. Es sind Menschen, die die Nähe Gottes suchen und darunter leiden, dass sie noch relativ fern von Gott sind.

Was bedeutet nun aber »Glückselig die Armen im Geist, denn ihrer ist das Reich der Himmel«? Wenn wir in den TeNaCH schauen, stellen wir fest, dass dieser Gedanke nicht neu ist:

> Denn so spricht der Hohe und Erhabene, der in Ewigkeit wohnt und dessen Name der Heilige ist: In der Höhe und im Heiligen wohne ich und bei dem, der zerschlagenen und gebeugten Geistes ist, um zu beleben den Geist der Gebeugten und zu beleben das Herz der Zerschlagenen.
> *Jesaja 57,15*

> Hat doch meine Hand dies alles gemacht, und alles dies ist geworden, spricht der HERR. Aber auf den will ich blicken: auf den Elenden und den, der zerschlagenen Geistes ist und der da zittert vor meinem Wort.
> *Jesaja 66,2*

> Die Opfer Gottes sind ein zerbrochener Geist; ein zerbrochenes und zerschlagenes Herz wirst du, Gott, nicht verachten.
> *Psalm 51,19*

Das Gegenteil zu den geistlich armen sind geistlich reiche Menschen. Geistlich reich sind Leute, die ihrer Ansicht nach so gut sind, dass Gott ihnen als Gegenleistung mindestens ein gutes Leben geben muss. Es gibt sehr viele fromme Menschen, die glauben, dass sie geistlich reich sind. Mehr Bibellesen, mehr Gebet, mehr Demut, meinen sie, führe zu geistlichen Reichtümern. An sich sind das wichtige und gute Dinge. Aber die Denkweise selbst ist ein Irrweg, denn was wirklich zählt, ist unsere Haltung vor Gott. Nicht umsonst sagte Jesus:

> Nicht die Starken brauchen einen Arzt, sondern die Kranken.… Denn ich bin nicht gekommen, Gerechte zu rufen, sondern Sünder.
> *Matthäus 9,12-13*

Die Quelle der geistlichen Armut ist die Gottesbeziehung. Die Quelle des geistlichen Reichtums ist fromme Selbstzufriedenheit.

Wenn ein Mensch »geistlich reich« ist, hat er zu viel Ego. Über einen solchen Menschen steht in Sprüche 16,5:

> Ein Gräuel für den HERRN ist jeder Hochmütige. Die Hand darauf! Er bleibt nicht ungestraft.

Ein stolzes Herz wird von einem Geist gesteuert, der mit dem Geist Gottes nicht zusammenleben kann. Um dem Messias nachzufolgen, muss unser Geist arm sein. Das ist der Anfang unserer Jüngerschaft. Wenn wir meinen, dass wir geistlich reich sind, denken wir, wir müssten nichts mehr lernen. Wir haben doch schon alles! Um zu lernen, müssen wir einen Mangel empfinden und begreifen, dass uns etwas fehlt.

Glückselig die Trauernden

> Glückselig die Trauernden, denn sie werden getröstet werden.

Viele Menschen denken bei dem Wort »Trauernde« an Tod und Beerdigung. Doch geht es tatsächlich um diese Art Trauer? Wo in der Hebräischen Bibel findet man die Trauer als ein Kriterium für Auserwähltsein?

> Und der HERR sprach zu ihm: Geh mitten durch die Stadt, mitten durch Jerusalem, und zeichne ein Kennzeichen an die Stirnen der Männer, die seufzen und stöhnen über all die Gräuel, die in ihrer Mitte geschehen!
> *Hesekiel 9,4*

Im hebräischen Text steht: *wehitwita Taw* – »und zeichne den Buchstaben Taw«. Dies ist der Buchstabe Taw aus dem hebräischen Alphabet:

ת

Dieses Alphabet haben die Juden jedoch erst aus Babylon mitgebracht. Als Hesekiel sein Buch schrieb, verwendete er ein anderes Alphabet, bei dem der Buchstabe Taw folgendermaßen aussah:

Das heißt, Hesekiel musste den trauernden Menschen ein Kreuz auf die Stirn malen! Ein Midrasch[5] erzählt, dass das Kreuz mit Blut gezeichnet werden sollte. Die Menschen, die das Zeichen hatten, wurden gerettet. Das Weinen und Trauern wurde zum Trost und zur Rettung! Später sagt Jesus:

> Wenn jemand mir nachkommen will, verleugne er sich selbst und nehme sein Kreuz auf und folge mir nach!
> *Matthäus 16,24*

Die jüdische Auslegung zu Hesekiel 9,4 erklärt, dass das Zeichen gemacht wurde, damit der Todesengel die Trauernden verschonen würde, während alle Menschen, die Gottes Weg verlassen hatten, bestraft werden würden.

Einen anderen Aspekt für Menschen, die trauern, finden wir bei Jesaja:

> Der Geist des Herrn, HERRN, ist auf mir; denn der HERR hat mich gesalbt. Er hat mich gesandt, den Elenden frohe Botschaft zu bringen, zu verbinden, die gebrochenen Herzens

> sind, Freilassung auszurufen den Gefangenen und Öffnung des Kerkers den Gebundenen, auszurufen das Gnadenjahr des HERRN und den Tag der Rache für unsern Gott, zu trösten alle Trauernden, den Trauernden Zions Frieden, ihnen Kopfschmuck statt Asche zu geben, Freudenöl statt Trauer, ein Ruhmesgewand statt eines verzagten Geistes, damit sie Terebinthen der Gerechtigkeit genannt werden, eine Pflanzung des HERRN, dass er sich durch sie verherrlicht.
> *Jesaja 61,1-3*

Schmuck, Freudenöl, schöne Kleider statt Asche und Trauer. Das Wort »Asche« ist ein Bild für die Buße. »Sack und Asche«, das sind Begriffe für einen Menschen, der Buße tut. Das hebräische Wort für Buße ist Teschuwa. Dieses Wort bedeutet gleichzeitig Antwort. Buße ist die Antwort an Gott, der uns zur Umkehr ruft. Umkehr führt zu einer Gottesbeziehung. Durch diese Gottesbeziehung werden die trauernden Menschen getröstet.

Glückselig die Sanftmütigen

> Glückselig die Sanftmütigen, denn sie werden das Land erben.

Nimmt man die ersten drei Seligpreisungen zusammen, so gibt Jesus den Armen im Geist, die in einer tiefen Gottesbeziehung leben, begründete Hoffnung, dass sie das Land bekommen werden. Jesus zitiert an dieser Stelle die Psalmen.

> Aber die Sanftmütigen werden das Land besitzen und werden ihre Lust haben an Fülle von Heil.
> *Psalm 37,11*

Wenn wir als Jesusnachfolger heute »das Land besitzen« sagen, dann meinen wir Gottes Reich. So steht geschrieben:

> Die Gerechten werden das Land besitzen und für immer darin wohnen.
>
> *Psalm 37,29*

Es gibt in der Mischna[6] eine interessante jüdische Auslegung zu Jesaja 60,21:

> Ganz Israel hat Anteil an der zukünftigen Welt, denn es wird gesagt: »Und dein Volk sind alle Gerechte, für immer werden sie das Land besitzen als Spross meiner Pflanzung, als Werk meiner Hände, damit ich verherrlicht werde.«[7]

Manchmal wird im Judentum erklärt, dass jeder Jude, egal, wie er gelebt hat, einen Anteil an der zukünftigen Welt besitzt, dass er automatisch ins Paradies kommt. Aber diese Auslegung ist relativ neu. Die alte Auslegung dieser Talmudstelle ist folgende: Jeder Jude hat ein potenzielles Grundstück, einen Garten in der zukünftigen Welt. Mit jeder seiner Taten im Diesseits bearbeitet er seinen »Paradiesgarten«. Wenn dort nur Unkraut und Disteln wachsen, bekommt er keinen Anteil, weil es kein Garten, sondern ödes Land ist.

Jesus spricht in dieser Seligpreisung die Sanftmütigen an, die Menschen, die ihr Potenzial, ihr geistliches Level, erkennen und sich in die Zukunft investieren.

Glückselig, die nach der Gerechtigkeit hungern und dürsten

> Glückselig, die nach der Gerechtigkeit hungern und dürsten, denn sie werden gesättigt werden.

Diese These ist voller Bilder aus dem Judentum:

> Wer von mir isst, den hungert immer nach mir; und wer von mir trinkt, den dürstet immer nach mir.
> *Jesus Sirach[8] 24,21; LUT*

> Jesus sprach zu ihnen: Ich bin das Brot des Lebens. Wer zu mir kommt, wird nicht hungern, und wer an mich glaubt, wird nie mehr dürsten.
> *Johannes 6,35*

Brot und Wasser sind im Judentum ein Bild für die Weisung Gottes, die Tora. Jesus ist die lebendige, personifizierte Tora[9] und deshalb kann er den Hunger und Durst nach dem Wort Gottes stillen. Dieser Hunger nach Gottes Wort ist auch ein Thema beim Propheten Amos:

> Siehe, Tage kommen, spricht der Herr, HERR, da sende ich Hunger ins Land, nicht einen Hunger nach Brot und nicht einen Durst nach Wasser, sondern danach, die Worte des HERRN zu hören.
> *Amos 8,11*

Zwei Verse aus den Psalmen haben ebenfalls dieses Thema:

> Die Sanftmütigen werden essen und satt werden; es werden den Herrn loben, die ihn suchen; leben wird euer Herz für immer.
>
> *Psalm 22,27*

> Junglöwen darben und hungern, aber die den Herrn suchen, entbehren kein Gut.
>
> *Psalm 34,11*

Ein wichtiges Wort in der vierten Seligpreisung ist Gerechtigkeit, auf Hebräisch *zedaka.* Wir haben oft eine falsche Vorstellung davon, was Gerechtigkeit im biblischen Sinne ist, weil wir nicht im hebräischen Kontext leben und denken. Einer der Kirchenväter, Tertullian, interpretierte Gerechtigkeit vom römischen Recht her – er war Rechtsanwalt. Luther folgte ihm in dieser Auslegung. Nach dem Reformator ist Gerechtigkeit, wenn jeder bekommt, was er verdient hat. Ihm fehlten sowohl die jüdische Logik als auch die rabbinischen Auslegungsmethoden, um Gerechtigkeit wirklich zu verstehen.

Gerechtigkeit ist im Judentum kein philosophischer oder juristischer Begriff und er hat auch nichts mit Mystik zu tun. Gerechtigkeit (*zedaka*) im jüdischen Sinne hat zwei Bedeutungen:

1. Die Gerechtigkeit Gottes lässt sich am besten mit Bundestreue gleichsetzen. Wenn Gott treu zu seinem Bund steht, dann ist er gerecht.
2. *Zedaka* in Bezug auf Menschen ist eine Tat! Wenn Gott in seiner Bundestreue sein Wort hält, dann ist es mein Part, die »Werke der Gerechtigkeit« in dieser Welt zu tun!

Gerechtigkeit lässt sich nicht einfach aus dem Gesetz ablesen, sondern ist eine Frage der Beziehung. Das wird anhand der Geschichte von Juda und Tamar aus der Tora deutlich (1. Mose 38):

Nach dem Tod ihres Mannes heiratet Tamar, die Schwiegertochter Judas, ihren Schwager, der kurz darauf auch stirbt. Juda hat einen dritten Sohn, aber aus Angst, ihn auch noch zu verlieren, verweigert er Tamar seine Leviratspflichten[10]. Um dennoch einen Nachkommen zu bekommen, verkleidet sich Tamar als Prostituierte, überlistet ihren Schwiegervater, lockt ihn zum Geschlechtsverkehr und wird dadurch schwanger. Durch ihre Schwangerschaft gerät sie unter Anklage. Juda befürwortet die Todesstrafe für sie, bis ihm Tamar mitteilt, dass er der Vater ihrer ungeborenen Kinder ist. Juda erkennt, dass er falsch gehandelt hat. Tamar bringt die Zwillinge Perez und Serach zur Welt. Die beiden Kinder werden als Söhne Judas anerkannt. Perez ist einer der Vorfahren des Messias.

WENN GOTT TREU ZU SEINEM BUND STEHT, DANN IST ER GERECHT.

Die Geschichte von Juda und Tamar ist kein positives Beispiel für christliche Ethik. Aber sie erteilt uns eine wichtige Lektion, was Gerechtigkeit betrifft:

> Da untersuchte es Juda und sagte: Sie ist im Recht mir gegenüber (oder: gerechter als ich), deswegen weil ich sie meinem Sohn Schela nicht gegeben habe. Und er erkannte sie künftig nicht mehr.
>
> *1. Mose 38,26*

Tamar hielt man für eine Hure, weil sie unverheiratet schwanger geworden war. Warum bezeichnet Juda sie hier als Gerechte? Weil sie um jeden Preis Nachkommen bekommen wollte! (Nach jüdischer Auslegung wurde Tamar offenbart, dass aus ihren Nachkommen der Messias geboren werden würde.)

Eine vermeintliche Hure wird gerecht genannt? Ist das eine allgemeingültige Regel in der Tora? Selbstverständlich nicht! Die Tora verurteilt Hurerei. Aber Gerechtigkeit ist keine allgemeingültige Norm. Jede Situation verlangt nach einer neuen Entscheidung, wie man Gott, dem Mitmenschen oder der Schöpfung gerecht wird. »Daher ist unser Leben das dauernde Streben nach Gerechtigkeit in den Beziehungen. Die Beziehung zu Gott und zu unseren Mitmenschen ist letztlich das, was unser Leben lebenswert macht und ihm Sinn gibt«[11], schreibt Susanne Schmidt-Grether dazu.

Glückselig die Barmherzigen

> Glückselig die Barmherzigen, denn ihnen wird Barmherzigkeit widerfahren.

Auch bei diesem Vers müssen wir in den hebräischen Schriften nach einer Erklärung suchen. Im Buch der Sprüche finden sich folgende Worte:

> Wer seinem Nächsten Verachtung zeigt, sündigt; aber wohl dem, der sich über die Elenden erbarmt!
>
> *Sprüche 14,21*

Ins Deutsche wird das hebräische Wort für »Barmherzigkeit« manchmal mit »Güte« übersetzt. Interessant ist, dass im Hebräischen das Wort *rachamim* (Barmherzigkeit, Erbarmen, Gnade) mit dem Wort *rächäm* (Gebärmutter) verwandt ist. Es gibt kaum einen Begriff, der so anschaulich und traumhaft zum Ausdruck bringt, wie das Himmlische mit dem Irdischen verbunden ist. Eine schwangere Frau spürt das werdende Leben und will es beschützen. Das ist Barmherzigkeit! Ein mütterliches Gefühl, etwas Reines und Intaktes.

Welch eindrückliches Bild: Die Barmherzigkeit Gottes gleicht einem Gefäß der Neugeburt!

DER TALMUD SAGT: »GOTT WIRD DEM BARMHERZIGKEIT ERWEISEN, DER ZU DEN ANDEREN MENSCHEN BARMHERZIG IST.«

Gott hat uns voll Liebe im Schoß (*rächäm*) unserer Mutter geformt, mit einem Plan, einer Bestimmung für jeden von uns, die ihren Ursprung im Herzen unseres Schöpfers hat. Deshalb bestätigen wir jedes Mal, wenn wir Barmherzigkeit ausüben, dass wir nach Gottes Ebenbild geschaffen sind.

Ich möchte Ihnen einen interessanten Text vorstellen, der die Barmherzigkeit in einem guten Licht zeigt. Im Midrasch Bereschit Rabba von Rabbi Simon (um 280) geht es um die Erschaffung des ersten Menschen:

> Als Gott sich anschickte, den ersten Menschen zu schaffen, schieden sich die Dienstengel in Parteien und Gruppen. Die einen von ihnen erklärten: Er soll nicht erschaffen werden! Andere erklärten: Er soll erschaffen werden!
> Liebe und Wahrheit stießen zusammen, Barmherzigkeit und Friede gerieten aneinander (Psalm 85,11). Die Liebe sprach: Er werde erschaffen; denn er wird Liebe üben. Die Wahrheit sprach: Er werde nicht erschaffen; denn er wird durch und durch Lüge sein. Die Barmherzigkeit sprach: Er werde erschaffen; denn er wird Werke der Barmherzigkeit vollbrin-

gen. Der Friede sprach: Er werde nicht erschaffen; denn er wird durch und durch Zwietracht sein. Was tat Gott? Er nahm die Wahrheit und warf sie auf die Erde, siehe Daniel 8,12: »Die Wahrheit wurde auf die Erde geworfen.« Da sprachen die Dienstengel vor Gott: Herr der Welten, was verachtest du deine Palasttruppen. Lass die Wahrheit von der Erde aufsteigen! siehe Psalm 85,12: »Die Wahrheit sprosste von der Erde auf.«[12]

Glückselig, die reinen Herzens sind

> Glückselig, die reinen Herzens sind, denn sie werden Gott schauen.

Wer sind die Menschen mit reinem Herzen? Die Suche in der Hebräischen Bibel führt uns zu mehreren Versen:

> Fürwahr, Gott ist Israel gut, denen, die reinen Herzens sind.
> *Psalm 73,1*

David betet:

> Erschaffe mir, Gott, ein reines Herz, und erneuere in mir einen festen Geist!
> *Psalm 51,12*

> Wer Reinheit des Herzens liebt, wessen Lippen wohlgefällig reden, dessen Freund ist der König.
> *Sprüche 22,11*

Was bedeutet es, ein reines Herz zu haben?

> Wer darf hinaufsteigen auf den Berg des HERRN und wer darf stehen an seiner heiligen Stätte?
> Der unschuldige Hände und ein reines Herz hat, der seine Seele nicht auf Falsches richtet und nicht schwört zum Betrug. Er wird Segen empfangen vom HERRN und Gerechtigkeit von dem Gott seines Heils. Das ist das Geschlecht derer, die nach ihm trachten, die dein Angesicht suchen: Jakob.
> *Psalm 24,3-6*

Die hebräische Auslegung, ein Midrasch zu Psalm 24, erklärt, dass das reine Herz die Voraussetzung dafür ist, dass Gott sich dem Menschen offenbart.

Allerdings gibt es noch einen wichtigen Aspekt, den wir nicht übersehen dürfen. Als europäische Christen des 21. Jahrhunderts verstehen wir das Wort »rein« als ethische oder moralische Eigenschaft. Für einen Juden, der sich mit der Hebräischen Bibel auskennt, bedeutet das Wort etwas ganz anderes. Die Bibel trennt die Welt in rein und unrein beziehungsweise heilig und profan. Es gibt eine Menge Verse, die davon sprechen, dass das Volk Israel sich dem Herrn heiligen soll. Der bekannteste ist:

HEILIG SEIN IST EIN VERHÄLTNIS: ALLES, WAS HEILIG IST, STEHT IN EINEM BESONDEREN VERHÄLTNIS ZU GOTT.

> Rede zu der ganzen Gemeinde der Söhne Israel und sage zu ihnen: Ihr sollt heilig sein; denn ich, der HERR, euer Gott, bin heilig.
> *3. Mose 19,2*

Heilig sein ist keine Wesensart, sondern ein Verhältnis. Alles, was heilig ist, steht in einem besonderen Verhältnis zu Gott. Nicht nur Menschen, auch Orte, Gegenstände, Zeiten können für Gott geheiligt und ausgesondert werden. Wer heilig ist, ist rein. Deswegen hat Unreines keinen Platz im Heilsplan Gottes:

> Und dort wird eine Straße sein und ein Weg, und er wird der heilige Weg genannt werden. **Kein Unreiner** wird darüber hinziehen, sondern er wird für sie sein. Wer auf dem Weg geht – selbst Einfältige werden nicht irregehen.
> *Jesaja 35,8*

Diesen Gedanken finden wir auch im letzten Buch der Bibel:

> Und **alles Unreine wird nicht in sie hineinkommen**, noch derjenige, der Gräuel und Lüge tut, sondern nur die, welche geschrieben sind im Buch des Lebens des Lammes.
> *Offenbarung 21,27*

Wir sehen: Unreinheit trennt den Menschen von Gott. In diesem Vers wird Unreinheit mit Sünde verglichen.

Die Geschichte von der Heilung der blutflüssigen Frau aus Matthäus 9,19-22 hilft dabei, den Begriff »Reinheit« noch besser zu verstehen.

Diese kranke Frau war durch ihre Blutung rituell unrein, doch sie berührte den heiligsten Teil von Jesu Gewand, die Gebetsquasten. Kein Wunder, dass sie sich ihm von hinten näherte, sie hatte sicherlich große Angst. Darum schwieg die Frau auch zunächst, als Jesus fragte, wer ihn berührt hatte. Sie traute sich nicht, zu antworten.

Wenn ein Unreiner wie diese Frau jemanden berührt, der rein ist, dann wird dieser gemäß der jüdischen Tradition ebenfalls unrein. Aber hier ist alles anders! Die Reinheit Jesu nimmt keinen Schaden und die Frau wird nicht nur gesund, sondern rituell rein!

Nach dieser Begebenheit berührt Jesus sogar ein totes Mädchen. Ein Leichnam ist die Quelle der Unreinheit und doch wird auch hier alles umgekehrt: Das Mädchen wird auferweckt und Jesus bleibt rituell rein. Das ist ein deutliches messianisches Zeichen!

Zur Zeit des Zweiten Tempels mussten sich unreine Menschen reinigen, das heißt, ein Tauchbad nehmen.

> Es war aber nahe das Passah der Juden, und viele gingen aus dem Land hinauf nach Jerusalem vor dem Passah, um sich zu reinigen.
>
> *Johannes 11,55*

Die Vorschriften für die Leviten und Priester waren noch strenger, sie mussten sich selbst dann reinigen, wenn sie nicht unrein waren:

> Folgende Regel galt im Heiligtum: … Keiner darf die Opferhalle zu einer Dienstverpflichtung betreten, wenn er auch rein ist, ehe er ein Bad (Tauchbad) genommen.[13]

Denken Sie an die vielen tausend Menschen, die an Pfingsten zum Glauben an Jesus gekommen sind. Sie mussten alle ein Tauchbad nehmen. Dazu dienten mehrere Bäder, die für die rituelle Reinigung an der Südseite des Tempels ausgebaut worden waren. Diese komplizierten Vorschriften und Rituale waren Gottes Hilfe, damit das jüdische Volk dem Bereich der Unreinheit nicht schutzlos ausgeliefert war.

Ein gutes Beispiel dafür ist der menschliche Körper. Es gibt ständig eine Menge »unreiner« Dinge, die uns angreifen: Viren, Bakterien, Giftstoffe. Doch die Lebenskraft in uns, unsere Gesundheit, hilft uns, dass wir dennoch meist gesund bleiben, wenn wir nicht an einer Immunschwäche leiden. Genauso schaffen Gottes Gebote ein Gleichgewicht zwischen rein und unrein, heilig und profan.[14]

Mit diesem Hintergrundwissen kommen wir nun zu der Aussage Jesu: »Glückselig, die reinen Herzens sind, denn sie werden Gott schauen.«

Ein reines Herz weist auf die Beziehung zu unserem Schöpfer hin. Es zeigt, dass wir auf die Begegnung mit Gott ausgerichtet sind. Nur die Menschen, die ihre Herzen für diesen Zweck immer wieder reinigen beziehungsweise heiligen, werden Gott sehen dürfen.

Glückselig die Friedensstifter

> Glückselig die Friedensstifter, denn sie werden Söhne Gottes heißen.
>
> *Mätthaus 5,9*

Willy Brandt, der vierte Bundeskanzler der Bundesrepublik Deutschland, sagte einmal: »Frieden ist nicht alles, aber ohne Frieden ist alles nichts.«

Bei Luther heißt es:

> Selig sind, die Frieden stiften; denn sie werden Gottes Kinder heißen.

Gottes Kinder oder Gottes Söhne? – Dies ist einer der wichtigsten und gleichzeitig umstrittensten Begriffe im Neuen Testament. Um dies näher zu beleuchten, möchte ich einen Vers aus dem Johannesevangelium heranziehen. Nachdem Jesus mit ihm gesprochen hatte, sagte Nathanael:

> Rabbi, du bist der Sohn Gottes, du bist der König Israels.
> *Johannes 1,49*

Zur Zeit Jesu wurde derjenige als »Sohn Gottes« bezeichnet, der kraft seiner besonderen göttlichen Erwählung in einem so engen, auf Liebe und Gehorsam beruhenden Verhältnis zu Gott steht wie ein Sohn zu seinem Vater. Der Titel »Sohn Gottes« wurde einem Menschen zuteil, in dem der Geist Gottes sichtbar wirkte. Mit anderen Worten, ein Sohn Gottes half anderen Menschen, auf dem Weg Gottes zu gehen, erklärte die Tora und übte Barmherzigkeit.

Die Hebräische Bibel bezeichnet als Sohn Gottes:

1. einen besonders gerechten Menschen, einen *zaddik*[15]
2. das ganze Volk (Hosea 11,1)
3. meistens den König Israels (2. Samuel 7,14)

Daher ist es kein Zufall, dass Nathanael die Bezeichnung Gottes Sohn verwendet. Hochinteressant ist aber auch der weitere messianische Titel »Menschensohn« (LUT), den Jesus in Vers 51 verwendet.

Ulrich Parzany erläutert sehr gut, was der Titel »Menschensohn« bedeutet:

> Der Menschensohn, das ist nach Daniel 7 der Richter dieser Welt. Das wissen viele Christen in Deutschland nicht. Das Elend der Christenheit in diesem Land ist, dass sie das Alte Testament nicht kennen. Achtzigmal in den Evangelien

nennt Jesus sich selber den Menschensohn. Und die meisten Christen verstehen das als Menschenkind, eine altertümliche Ausdrucksweise für Mensch. Eine Niedrigkeitsaussage im Gegensatz zu dem Begriff »Gottes Sohn«, der die Hoheit Jesu beschreibt. Dabei ist Menschensohn der höchste Würdetitel, der für Jesus überhaupt in der Bibel gebraucht wird.

In Daniel 7,13 in der Vision vom Weltgericht lesen wir: »Ich sah einen kommen wie eines Menschen Sohn mit den Wolken des Himmels.« Dem gibt Gott die ewige Weltherrschaft und damit das Weltgericht. Jeder Jude verstand das natürlich und wenn man die Evangelien liest, dann spürt man, dass es immer Aufruhr gibt, wenn Jesus sich so nennt. Sie sagen, das ist Gotteslästerung. Deshalb wird Jesus zum Schluss von dem Hohepriester zum Tode verurteilt. Er sagt: »Ihr werdet den Menschensohn sitzen sehen zur Rechten der Kraft Gottes.«

Messias zu sein, ist schon schlimm genug, aber dass er sogar beansprucht, der Menschensohn zu sein, der die Vollmacht hat, Sünden zu vergeben, obwohl nur Gott Sünden vergeben kann, das regt auf. Und die Spitze ist in dem Wort in Markus 10,45 zu finden: »Der Menschensohn ist gekommen, nicht um sich dienen zu lassen.« Wer sonst hätte das verdient, als er, der Weltherr und Weltrichter ist? Er ist nicht gekommen, um sich dienen zu lassen, sondern um zu dienen. Hier steht das gleiche Wort, das Paulus auch im Römerbrief verwendet. Christus ist ein *diákonos*, ein Diener der Juden geworden.[16]

Nathanael geht aber in seiner Aussage noch weiter und bezeichnet Jesus nicht nur als Sohn Gottes, sondern als König Israels, ein Synonym für den König der Juden.

Als Jesus geboren wurde, begegnet uns die Frage: »Wo ist der König der Juden, der geboren worden ist?« (Matthäus 2,2). Und bei der Kreuzigung wurde eine Tafel über seinem Haupt angebracht, auf der auf seine »Schuld« hingewiesen wurde: »Dies ist Jesus, der König der Juden« (Matthäus 27,37).

Von seiner Geburt bis zu seinem Tod war Jesus nicht von seinem Volk zu trennen!

VIELE CHRISTEN WOLLTEN JAHRHUNDERTELANG JESUS ALS KÖNIG, ABER LEHNTEN SEIN VOLK AB.

Viele Juden wollten und wollen Jesus nicht als ihren König anerkennen. Christen dagegen wollten jahrhundertelang Jesus als König, während sie sein Volk ablehnten. Das passt nicht zusammen! Wir sollten an dem Bekenntnis von Rut festhalten: »Dein Volk ist mein Volk, und dein Gott ist mein Gott« (Rut 1,16).

Zurück zur siebten Seligpreisung:

> Glückselig die Friedensstifter, denn sie werden Söhne Gottes heißen.

Das hebräische Wort *ben* (Sohn) hat ein breites Spektrum in der Bibel. Bei Jesus bedeutet es, dass er in einer vollkommenen Weise den Willen Gottes lebt. Und bei uns bedeutet das nichts anderes. Unser Ziel ist eine Beziehung mit Gott, wie Jesus sie hatte.

Um die siebte Seligpreisung zu verstehen, müssen wir jedoch eine weitere Frage beantworten: Warum werden die Friedensstifter so belohnt? Und welche Friedensstifter sind gemeint?

In einem der wichtigsten jüdischen Gebete, dem Kaddisch, heißt es:

> Der Du Frieden schaffst in der Höhe, gib Deinen Frieden auch auf Erden …

Und wie wird der Schalom (der Friede) Gottes auf der Erde gestiftet? Durch Menschen, die Friedensstifter genannt werden. Eine Auslegung aus den jüdischen Schriften bestätigt diesen Gedanken:

> Seit den Tagen der Schöpfung »arbeitet« Gott, indem Er Frieden stiftet zwischen sich und der Schöpfung. Mit anderen Worten, Seine Hauptsorge ist, dass der Mensch sich mit seinem Schöpfer versöhnt! Und die Menschen, die Mitarbeiter Gottes auf dieser Baustelle sind, werden die Söhne Gottes genannt, weil der Gehorsam die Basis ist, das Fundament der Beziehung zwischen dem Vater und seinen Kindern.[17]

Glückselig die um Gerechtigkeit willen Verfolgten

> Glückselig die um Gerechtigkeit willen Verfolgten, denn ihrer ist das Reich der Himmel.

Eigentlich bilden die letzten drei Verse der Seligpreisungen eine Einheit, es geht um Verfolgung und Schmach für die Nachfolger. Wie bei der zweiten Seligpreisung sollte die Übersetzung hier jedoch nicht »ihrer« lauten, sondern »aus denen« beziehungsweise »aus solchen Menschen besteht das Himmelreich«.

Wieder kann uns eine jüdische Auslegung helfen, diesen Satz zu verstehen:

> Der allmächtige Gott hat ein Siegel. Sein Siegel ist seine Unterschrift und das ist das Wort Wahrheit: *ämät*, אמת. Das Wort beginnt mit dem Buchstaben Aleph und schließt mit

> dem Buchstaben Taw. Dazwischen steht der Buchstabe Mem, der auf den Messias deutet. Durch den Messias geht die Geschichte von Aleph – dem Anfang – bis zum Taw – dem Ende. Er verbindet Anfang und Ende. Jeder, der in der Gerechtigkeit des Messias lebt, kann zum Vater kommen, und nichts wird einen solchen Menschen daran hindern.[18]

Diese Seligpreisung setzt fort:

> Glückselig seid ihr, wenn sie euch schmähen und verfolgen und alles Böse lügnerisch gegen euch reden werden um meinetwillen. Freut euch und jubelt, denn euer Lohn ist groß in den Himmeln; denn ebenso haben sie die Propheten verfolgt, die vor euch waren.

An dieser Stelle spricht Jesus über die Sendung der Jünger. Die Tatsache, dass er die Propheten erwähnt, bedeutet, dass die Jünger prophetisch wirken sollen. Hier sehen wir eine Verknüpfung mit 2. Chronik 36,15-16

> Und der HERR, der Gott ihrer Väter, sandte zu ihnen durch seine Boten, früh sich aufmachend und sendend; denn er hatte Mitleid mit seinem Volk und seiner Wohnung. Aber sie verhöhnten die Boten Gottes und verachteten seine Worte und verspotteten seine Propheten, bis der Zorn des HERRN gegen sein Volk so stieg, dass es keine Heilung mehr gab.

Die Betrachtung der Seligpreisungen zeigt, dass jede einzelne ganz fest mit dem TeNaCH verknüpft ist. Es gibt nichts in der Bergpredigt, was nicht in der Hebräischen Bibel schon in irgendeiner Form gesagt worden wäre. Jesus spitzt es lediglich zu und bringt auf den Punkt, was ihm bei seinen Nachfolgern wichtig ist.

Anschließend erläutert er ihnen, welche Rolle sie in der Welt haben.

DIE GLEICHNISSE

> Ihr seid das Salz der Erde; wenn aber das Salz fade geworden ist, womit soll es gesalzen werden? Es taugt zu nichts mehr, als hinausgeworfen und von den Menschen zertreten zu werden.
> Ihr seid das Licht der Welt; eine Stadt, die oben auf einem Berg liegt, kann nicht verborgen sein. Man zündet auch nicht eine Lampe an und setzt sie unter den Scheffel, sondern auf das Lampengestell, und sie leuchtet allen, die im Hause sind. So soll euer Licht leuchten vor den Menschen, damit sie eure guten Werke sehen und euren Vater, der in den Himmeln ist, verherrlichen.
> *Matthäus 5,13-16*

Wir Menschen können ohne Salz nicht leben und ohne Licht wäre überhaupt kein Leben auf dieser Erde möglich. Was meint Jesus damit, wenn er seine Jünger mit Salz und Licht vergleicht.

Salz der Erde

> Ihr seid das Salz der Erde; wenn aber das Salz fade geworden ist, womit soll es gesalzen werden? Es taugt zu nichts mehr, als hinausgeworfen und von den Menschen zertreten zu werden.
> *Matthäus 5,13*

Salz ist nicht nur lebensnotwendig, es spielt auch eine wichtige Rolle in der Bibel. Ein interessantes Gebot finden wir in der Tora:

> Alle Opfergaben deines Speisopfers sollst du mit Salz salzen und sollst das Salz des Bundes deines Gottes auf deinem Speisopfer nicht fehlen lassen; bei allen deinen Opfergaben sollst du Salz darbringen.
>
> *3. Mose 2,13*

Jedes Speisopfer soll gesalzen werden. Das ist eine deutliche Anweisung! Obwohl der Tempeldienst seit 2000 Jahren nicht mehr ausgeübt werden kann, hat dieses Gebot seine Auswirkung bis in die moderne Zeit hinein. Bei der Schabbat-Feier liegen auf dem Festtisch zwei Schabbatbrote und beim Brotsegen wird Salz auf die gebrochenen *Chala*-Brote gestreut oder das Brot in Salz eingetaucht. Die jüdischen Weisen begründen diese Vorgehensweise mit einem Vergleich: Unser Haus soll der Tempel sein, unser Tisch der Altar und unsere Speisen die Speisopfer, die auf der Tafel des Altars dargebracht werden. Weiter legen die Gelehrten aus, dass Salz die Nahrung konserviert und bewahrt. So soll das gesalzene Opfer auf die ewige Gültigkeit des Sühneopfers hinweisen. Das Salz ist ein Zeichen des ewigen Bundes zwischen Gott und seinem Volk.

DAS SALZ IST EIN ZEICHEN DES EWIGEN BUNDES ZWISCHEN GOTT UND SEINEM VOLK.

Salz ist unbestechlich, Salz kann man nicht versüßen, es bleibt immer Salz. Auch wenn alles, was gesalzen wurde, längst verdunstet ist, bleibt das pure Salz übrig. Salz kann weder durch Feuer noch durch die Zeit zerstört werden. Man kann es nur verschmutzen und dadurch ungenießbar machen, sodass es aus dem Haus geworfen und von den Leuten zertreten wird. Ohne Gold können die Menschen leben, nicht aber ohne Salz!

Im Tempel wurden die Tieropfer mit Salz versehen, denn erst das Salz machte das Tier rein und zum vor Gott gültigen Opfer. Nur reines Salz, in dem kein Schmutz war, durfte verwendet werden.

Ebenso erkennt Gott unser Leben als lebendiges Opfer nur dann an, wenn wir rein und kompromisslos ihm gehorchen.

Falsche Freunde schmieren sich »Honig um den Bart«. Das Salz dagegen steht für Ehrlichkeit. Daher ist Gottes Bund mit uns kein Honigbund, sondern ein Salzbund!

Aber warum hat Salz etwas mit dem Bund zu tun? Wieder hilft eine Geschichte aus dem Talmud, das zu verstehen:

> Rabbi Jehoschua ben Chananja (um 90 n. Chr.), wird von den Weisen in Rom gefragt: Wenn das Salz faul wird, womit soll man es reparieren?
> Er antwortete: Mit der Nachgeburt einer Mauleselin.
> Man sprach zu ihm: Hat denn die (unfruchtbare) Mauleselin eine Nachgeburt?
> Er antwortete: Kann denn Salz faul werden?[19]

Worum geht es hier? Es geht um den Bund zwischen Gott und Israel. Eine Mauleselin kann keine Nachgeburt haben, denn die Nachkommen von Pferd und Esel sind unfruchtbar. Ebenso kann das Salz, das ein Symbol für den Bund ist, nicht faul werden.

Die Juden wurden mehrfach verfolgt, verjagt und vertrieben, buchstäblich von den Leuten zertreten, aber der Herr wird nie seinen Bund mit seinem Volk kündigen.

Salz ist außerdem ein Gewürz und hat einen Geschmack. Geschmack bedeutet in der jüdischen Überlieferung gute Taten, wie auch das Licht. Jesus geht später darauf ein, wenn er sagt:

> So soll euer Licht leuchten vor den Menschen, damit sie eure guten Werke sehen und euren Vater, der in den Himmeln ist, verherrlichen.
> *Matthäus 5,16*

Seine Nachfolger, die ersten messianischen Juden, sind Licht, Salz, Gewürz und Konservierungsmittel für das Land und das Volk Israel und darüber hinaus geworden.

Doch es gibt noch eine weitere Bedeutung für das Salz in der jüdischen Tradition. So steht in einer Bibelauslegung:

> Die Tora gleicht dem Salz, die Mischna dem Pfeffer, die Gemara (Talmud) den Gewürzen. Die Welt kann nicht ohne Salz, auch nicht ohne Pfeffer, auch nicht ohne Gewürze bestehen und der reiche Mann erfreut sich aller drei in seinem Unterhalt. So kann die Welt auch nicht ohne die Schrift, die Mischna und die Gemara bestehen.[20]

In diesem Midrasch wird die Tora mit Salz verglichen. Jesus bezeichnet seine Jünger als Salz der Erde. Das bedeutet, dass sie den Auftrag haben, die Tora, so wie Jesus sie gelehrt hat, weiterzugeben. Das ist ein sehr wichtiger Auftrag, weil die Tora als Wort Gottes eine reinigende Wirkung hat. Das heißt, die Lehre, die die Jünger weitergeben, darf nicht kraftlos und leer sein!

Die Bibel macht deutlich, was passiert, wenn die Tora nicht mehr als Grundlage des Lebens gilt:

> Mein Volk kommt um aus Mangel an Erkenntnis (oder: wegen Toralosigkeit).
>
> *Hosea 4,6*

> … weil die Gesetzlosigkeit (oder: Toralosigkeit) überhandnimmt, wird die Liebe der meisten erkalten.
>
> *Matthäus 24,12*

Licht der Welt

> Ihr seid das Licht der Welt; eine Stadt, die oben auf einem Berg liegt, kann nicht verborgen sein. Man zündet auch nicht eine Lampe an und setzt sie unter den Scheffel, sondern auf das Lampengestell, und sie leuchtet allen, die im Hause sind.
> *Matthäus 5,14-16*

Wie sollen wir diese Worte Jesu verstehen? Ich habe diese Frage oft meinen christlichen Freunden gestellt. Gewöhnlich bekam ich folgende Antwort: »Gott gab uns den Heiligen Geist und wir sollen jetzt in dieser dunklen Welt leuchten.« Keiner konnte mir konkret sagen, wie dieses Leuchten aussehen soll. Und so nahm ich an, wir sollen irgendwie metaphysisch strahlen, aber in diesem Fall wären wir mehr Gespenstern ähnlich als den Jüngern des Messias!

Glücklicherweise gibt uns Jesus selbst einen Hinweis bezüglich des Leuchtens:

> So soll euer Licht leuchten vor den Menschen, damit sie eure guten Werke sehen und euren Vater, der in den Himmeln ist, verherrlichen.
> *Matthäus 5,16*

Diese Aussage hängt eng mit der vorigen zusammen: Ihr seid das Salz der Erde. Wenn die Tora, das Wort Gottes, verkündet wird, dann kann es nicht unbemerkt bleiben.

Licht ist auch Thema im Staatswappen Israels. Dort ist ein siebenarmiger Leuchter, die Menora, abgebildet. Sie stand im Jerusalemer Tempel, bevor sie von den Römern gestohlen wurde. Aber sie hatte auch eine geistliche Bedeutung. Zum einen war sie das Symbol für die *Schechina*, die sichtbare Manifestation Gottes. Zum anderen symbolisierte sie den Auftrag für das Volk Israel, ein Licht für alle anderen Völker zu sein (Jesaja 49,6).

Im antiken Israel baute man die Fenster innen breiter als außen, damit mehr Licht in das Haus kam, ohne zugleich mehr Wärme einzulassen. Allerdings erzählt die jüdische Überlieferung, dass im Gegensatz dazu die Fenster im Tempel innen schmal und außen breit waren, damit das herrliche Licht der Offenbarung Gottes für ganz Israel und darüber hinaus bis an die Enden der Erde leuchten möge.

> DIE MENORA SYMBOLISIERT DEN AUFTRAG FÜR DAS VOLK ISRAEL, EIN LICHT FÜR ALLE ANDEREN VÖLKER ZU SEIN.

Jesus sagt mit seinem Gleichnis, dass wir das Licht der Tora nicht in uns konservieren dürfen. Man muss das Wort Gottes weitergeben. Bekannterweise ist bereits eine kleine Flamme in der Lage, eine große Finsternis zu verdrängen.

Betrachten wir die Worte Jesu näher. Er spricht zunächst von einer »Stadt, die oben auf einem Berg liegt«. Höchstwahrscheinlich fand die Bergpredigt in Galiläa statt. Wenn man in Galiläa eine Stadt auf einem Berg sucht, schaut man in Richtung Safed.

Anschließend erwähnt er ein Licht, einen Leuchter und einen Scheffel. Nimmt man Jesu Worte wörtlich, dann bezeichnet das Licht eine Öllampe aus Ton, in der ein Docht steckt. Der Leuchter war eine Art Sockel aus einem Ast, der irgendwo oben an der Wand angebracht wurde. Wenn man das Haus verließ, deckte man die Lampe mit einer Tonschale, dem sogenannten Scheffel, ab und machte damit das Licht aus.

Jesus sagt seinen Jüngern, dass sie das Licht der Tora in sich tragen beziehungsweise selbst das Licht sind. Das verpflichtet sie, das Licht in die Welt zu tragen. Und wodurch sollen die Menschen beeindruckt werden? Durch religiöse Doktrin? Durch schöne Predigten und Vorträge? Durch spektakuläre Heilungen und Zungenrede? Nein! Jesus sagt unmissverständlich: »damit sie eure guten Werke sehen und euren Vater, der in den Himmeln ist, verherrlichen.«

Die guten Werke

Doch was sind gute Werke? Und wie kann man diese scheinbare Werksgerechtigkeit erklären?

Zunächst muss man festhalten: In der Bibel gibt es die Lehre von der Werksgerechtigkeit nicht. Das ist eine Erfindung mancher Kirchenväter. Leider hat Martin Luther diese Idee noch verstärkt. Einerseits befürwortete er die notwendige Tätigkeit des Glaubens, andererseits betonte er die Denkweise, dass Werke, die Menschen tun, ihnen selbst nichts bringen, sondern ganz im Gegenteil für sie eine Gefahr in Richtung Selbstgerechtigkeit darstellen. Diese Ansicht führte dazu, dass die lutherische Orthodoxie des 17. Jahrhunderts den Gegensatz »Glaube oder Werke« weiterentwickelte. Als Ergebnis entfaltete sich ein laues und egoistisches Christentum, wie wir es heute weltweit finden.

DIE LEHRE VON DER WERKSGERECHTIGKEIT IST EINE ERFINDUNG MANCHER KIRCHENVÄTER.

Doch Luther und viele andere Christen bekämpfen leider die Bibel mit der Bibel: Luther konnte zwischen zwei Dingen nicht unterscheiden beziehungsweise diese nicht zuordnen: Gerecht ohne Gesetzeswerke allein durch den Glauben an Jesus Christus (Römer 3) auf der einen Seite und endgültige Rettung durch das Tun des Willens des Himmlischen Vaters beziehungsweise der Tora und damit durch Werke, die Gott vor Gründung der Erde seinen Kindern bereitet hat (Epheser 1,3-12).

Jesus bestätigt das:

> Denn der Sohn des Menschen wird kommen in der Herrlichkeit seines Vaters mit seinen Engeln, und dann wird er einem jeden vergelten nach seinem Tun.
> *Matthäus 16,27*

Gemäß dieser Lehre des Messias werden wir nach unseren Werken gerichtet! Auch der Apostel Paulus schreibt darüber:

> Denn wir sind sein Gebilde, in Christus Jesus geschaffen zu guten Werken, die Gott vorher bereitet hat, damit wir in ihnen wandeln sollen.
> *Epheser 2,10*

Den Gedanken, dass unsere Werke Ausdruck unseres Glaubens und von Bedeutung sind, bestätigt Paulus im Philipperbrief, wo er schreibt: »Bewirkt euer Heil (oder: eure Rettung) mit Furcht und Zittern!« (Philipper 2,12).

Jakobus ist ebenfalls ganz auf dieser Linie:

> So ist auch der Glaube, wenn er keine Werke hat, in sich selbst tot.
> *Jakobus 2,17*

In Matthäus 25 erzählt Jesus das Gleichnis von den Schafen und den Böcken. Das ist eine der wenigen Stellen im Neuen Testament, die vom zukünftigen Gericht sprechen. Nach welchem Kriterium werden dort die Menschen gerichtet? – Nach ihren Werken.

Wenn wir dies berücksichtigen, ist unsere Errettung nicht etwas, das wir an einem bestimmten Datum in unsere Tasche gesteckt haben, als wir unser Übergabegebet gesprochen haben, sondern ein Lebensstil.

Ein Eheleben besteht auch nicht darin, dass wir uns an einem Tag das Ja-Wort gegeben haben, sondern in der Art, wie wir miteinander leben. Jeder bringt seine Gewohnheiten in die Ehe mit und beide müssen lernen, aufeinander zuzugehen. Vielleicht bittet die Frau ihren Mann nach drei Monaten Eheleben: »Liebling, lass bitte deine schmutzigen Socken nicht über längere Zeit auf dem Mittagstisch liegen!« Wenn sich der Mann dann anstrengt, im Namen der Liebe diese Gewohnheit abzustellen, und es ihm gelingt, übt er gute Werke.

UNSERE ERRETTUNG IST NICHT ETWAS, DAS WIR AN EINEM BESTIMMTEN DATUM IN UNSERE TASCHE GESTECKT HABEN, SONDERN EIN LEBENSSTIL.

Im Großen und Ganzen ist das Üben guter Werke ein Lebensstil, eine Richtlinie, ein Gesetz aus unserem Inneren. Das primäre Ergebnis dieser guten Werke ist nicht, dass wir berühmt oder von den Menschen geachtet werden, sondern dass dadurch die Menschen Gott loben. Dies besagt auch die jüdische Tradition, zum Beispiel Rabbi Shimon ben Elieser, von dem folgende Aussage überliefert ist: Wenn die Kinder Israel den Willen ihres Vaters im Himmel tun, dann wird der Name Gottes auf der Erde groß gemacht.

Teil 2

DIE BESSERE GERECHTIGKEIT

GESETZ UND GERECHTIGKEIT

Meint nicht, dass ich gekommen sei, das Gesetz oder die Propheten aufzulösen; ich bin nicht gekommen aufzulösen, sondern zu erfüllen. Denn wahrlich, ich sage euch: Bis der Himmel und die Erde vergehen, soll auch nicht ein Jota oder ein Strichlein von dem Gesetz vergehen, bis alles geschehen ist. Wer nun eins dieser geringsten Gebote auflöst und so die Menschen lehrt, wird der Geringste heißen im Reich der Himmel; wer sie aber tut und lehrt, dieser wird groß heißen im Reich der Himmel. Denn ich sage euch: Wenn nicht eure Gerechtigkeit die der Schriftgelehrten und Pharisäer weit übertrifft, so werdet ihr keinesfalls in das Reich der Himmel hineinkommen.

Matthäus 5,17-20

Gesetz und Gnade

Vielleicht haben Sie schon einmal die These gehört: »Die Juden sind unter dem Gesetz, wir Christen sind unter der Gnade!«

Wenn ein Jude diesen Satz hören würde, würde er gleich zurückfragen: »Wie viel Gnade gibt es im Gesetz?«

Was meinen Christen mit dieser Aussage?

Normalerweise sind sie der folgenden Überzeugung: Sie sehen das Gesetz als schwere Last mit vielen Befehlen. Juden meinen, sie müssten 613 Gebote und Verbote halten, um gerettet zu werden. Christen glauben, das Evangelium würde vom Gesetz befreien und man müsse sonst nichts tun, um gerettet zu werden. Außerdem sind sie der Ansicht, die meisten Juden seien sowieso Heuchler, denn sie geben vor, das Gesetz zu halten, aber in Wirklichkeit können sie es nicht.

Das ist die traditionelle antigesetzliche Lehre, die durch Predigten, Vorträge und verschiedene Kommentare zu biblischen Texten in den Gemeinden zirkuliert. Aber nichts davon ist wahr!

Das Gesetz und die Gnade gehören zusammen wie die linke und die rechte Hand. Sie sind zwei Seiten einer Medaille. Die Problematik liegt im Wort »Gesetz«. Die ersten fünf Bücher der Bibel heißen Tora. Als die fünf Bücher Mose im Jahre 250 v. Chr. zum ersten Mal ins Griechische übersetzt wurden, fand man in der griechischen Sprache kein entsprechendes Wort für Tora. Das ist auch verständlich, denn Tora heißt »Weisung Gottes«. Die griechischen Götter waren nicht sehr weise und so hatten die Griechen das Wort »Weisung Gottes« nicht in ihrem Lexikon. Und so wurde Tora mit *nomos* (Gesetz) übersetzt. Doch dies wird der Bedeutung nicht gerecht.

Die Wurzel des Wortes Tora ist *horah*, das bedeutet »unterweisen«. Verwandte Begriffe sind: *lehorot* (lehren, anweisen, anleiten) und *moreh* (Lehrer). Es geht bei der Tora also v. a. um das Unterweisen.

In den meisten deutschen Bibelübersetzungen steht anstelle von Tora das Wort Gesetz. Darunter versteht man normalerweise eine Sammlung von allgemein verbindlichen Rechtsnormen. Doch in der Bibel geht es um etwas anderes, nämlich um Weisung beziehungsweise Unterweisung.

Diesen Unterschied machen einige Verse aus Psalm 119 deutlich:

> Glücklich sind, die im Weg untadelig sind, die im Gesetz des HERRN wandeln.

> Gib mir Einsicht, und ich will dein Gesetz bewahren und es halten von ganzem Herzen.
> Halten will ich dein Gesetz beständig, immer und ewig.
> Die Übermütigen haben mich über die Maßen verspottet, aber von deinem Gesetz bin ich nicht abgewichen.
> Zornglut hat mich ergriffen wegen der Gottlosen, die dein Gesetz verlassen.
> Wie liebe ich dein Gesetz! Es ist mein Nachdenken den ganzen Tag. Dein Gebot macht mich weiser als meine Feinde. Denn ewig ist es mein!
> *Psalm 119,1.34.44.51.53.97-98*

Überall dort, wo hier auf Deutsch »Gesetz« steht, wird in der Hebräischen Bibel das Wort Tora (Weisung) gebraucht! Und der Psalmist lobsingt dieser Weisung von ganzem Herzen!

Wer würde das neue Datenschutzgesetz oder das Hartz-IV-Gesetz preisen? Es ist so offensichtlich, dass wir in unserer Vorstellung vom Gesetz des Mose von der biblischen Definition des Wortes Tora ausgehen müssen! Wie seltsam wäre ein Lied mit dem folgenden Text:

> Wie liebe ich die Bundesverfassung! Sie ist mein Nachdenken den ganzen Tag. Das Grundgesetz macht mich weiser als meine Feinde.

Die Tora ist – im Gegensatz zum Gesetz – die von Liebe getragene Weisung eines Vaters und keine Sammlung von Rechtsnormen! Selbstverständlich beinhaltet die Tora viele Gebote und Regeln. Aber sie sind nicht der Kern und die Hauptbotschaft der Tora! Das Herz der Tora ist die Botschaft vom liebenden Gott und die Anleitung, wie man eine Beziehung zu ihm aufbaut.

Zur Zeit Jesu gab es zwei berühmten Tora-Akademien[21]: die Schule von Schammai und die Schule von Hillel. Eine Geschichte aus dem Talmud macht deutlich, was der Inhalt und der Sinn der Tora ist:

> Abermals ereignete es sich, dass ein Nichtjude vor Schammai trat und zu ihm sprach: »Mache mich zum Proselyten unter der Bedingung, dass du mich die ganze Tora lehrst, während ich auf einem Fuße stehe.« Da stieß er ihn fort mit der Elle, die er in der Hand hatte.
> Darauf kam er zu Hillel, und dieser machte ihn zum Proselyten und sprach zu ihm: »Was du hasst, das tu deinem Nächsten nicht an. Das ist die ganze Tora, und alles andere ist nur Erläuterung. Geh und lerne sie.«[22]

DIE TORA IST DIE VON LIEBE GETRAGENE WEISUNG EINES VATERS UND KEINE SAMMLUNG VON RECHTSNORMEN!

Die Tora offenbart uns den Charakter Gottes. Gott ist der Schöpfer, der diese schöne Welt geschaffen hat. Er hat die ersten Menschen geschaffen, um Gemeinschaft mit ihnen zu haben. Es ist derselbe Gott, der sein Volk aus Ägypten befreit. Gott ist voller Gnade und Erbarmen. Gott ist der, der treu zu seinem Bund mit Abraham steht.

Marcion, ein christlicher Apologet des 2. Jahrhunderts, war der Ansicht, der Gott des Alten Testaments sei ein grausamer Gott gewesen, wogegen der Gott des Neuen Testaments ein Gott der Liebe ist:

> Genau betrachtet, war (der Gott des Alten Testaments) in Marcions Augen sogar der *conditor malorum*, der Urquell

> des Bösen, der Anstifter des Krieges, der seine Versprechen gewohnheitsmäßig brach und dessen Unternehmungen tatsächlich von Natur aus Verderben brachten.[23]

Wie irrsinnig klingen diese Worte, wenn man sie mit den obigen Psalmversen vergleicht! Im Neuen Testament lernen wir durch Jesus Gott besser kennen, aber es lehrt nichts über Gott, das dem Alten Testament widersprechen würde, denn er ändert sich nicht. Auch die Tora verdeutlicht, dass Marcion sich irrt:

> Und der HERR ging vor seinem Angesicht vorüber, und er (Mose) rief aus: HERR, HERR, Gott, barmherzig und gnädig und geduldig und von großer Gnade und Treue.
>
> *2. Mose 34,6; LUT*

Das Gesetz zeigt uns, wer Gott ist. Das Gesetz wurde auf dem Berg Sinai gegeben und wird auf dem Berg der Seligpreisungen wiederholt. Was Israel auf dem Berg Sinai gesehen hat, ist von seiner Natur her dasselbe, was Jesus in der Bergpredigt erklärt. Es ist die Gottesoffenbarung.

Jesu Stellung zum Gesetz

Was meint Jesus, wenn er bezüglich des Gesetzes sagt: »Ich bin nicht gekommen aufzulösen, sondern zu erfüllen«?

»Zerstören, aufheben und auflösen« – das waren anerkannte technische Ausdrücke in der rabbinischen Debatte der damaligen Zeit. Die Lehrer diskutierten stundenlang mit ihren Jüngern darüber, was es bedeutete, einen bestimmten Text in die Tat umzusetzen.

Wenn ein Jünger eine falsche Auslegung gab, sagte der Rabbi: »Du hast das Gesetz aufgehoben.« Damit meinte er, dass die Auslegung weit von dem entfernt war, was Gott wollte. Hatte der Jünger mit seiner Auslegung ins Schwarze getroffen, sagte der Rabbi: »Du hast das Gesetz erfüllt.«

Höchstwahrscheinlich wurde Jesus angeklagt, das Gesetz falsch oder liberal zu interpretieren, worauf er in Vers 17 vehement widersprach. Liberalität beziehungsweise eine Nivellierung des Gesetzes ist der Lehre Jesu fremd. Im Gegenteil, in seiner Auslegung ist Jesus oft viel orthodoxer als die Pharisäer. Das Gebot »Trage keinen Hass in deinem Herzen« ist für ihn nicht weniger wichtig als ein »Du sollst nicht morden«.

Das Judentum unterscheidet zwischen »leichten« und »schweren« Geboten, wie zwei Zitate aus dem Talmud verdeutlichten:

Rabbi Jehuda ha-Nasi sagte: »Sei vorsichtig beim geringen Gebot, wie bei einem wichtigen; denn du kennst den Lohn für die Gebote nicht.«[24]

Rabbi Abba bar Kahana (um 310) sagte:

> Die Schrift hat das Geringste unter den Geboten dem schwersten (wichtigsten) Gebot gleichgestellt. Das geringste Gebot ist das betreffs des Loslassens der Vogelmutter (5. Mose 22,6-7) und das schwerste ist das betreffs der Ehrerbietung gegen die Eltern (2. Mose 20,12); und bei beiden steht (der gleiche Lohn) geschrieben: »Damit du lange lebest.«[25]

Wenn man ein »leichtes« Gebot übertritt, kann das nach jüdischem Glauben auch das Übertreten eines »schweren« Gebots bewirken. Dies illustriert die folgende Geschichte aus dem Volksmund:

> Ein Mönch ging durch das Dorf und suchte nach einer Übernachtungsmöglichkeit. Es war spät nachts und außer einer Frau wollte ihn keiner ins Haus lassen. Sie sagte: »Du darfst hier nur übernachten, wenn du einen meiner drei Wünsche erfüllst: Schlaf mit mir, schlachte die Ziege oder trinke einen Becher Wein.«
> Der Mönch überlegte: »Mit der Frau zu schlafen, wäre Unzucht und somit Sünde. Eine Ziege zu töten, widerspräche dem Gebot, nicht zu töten, und wäre eine Todsünde.« Das kleinste Übel war für ihn, einen Becher Wein zu trinken.
> Also trank er den Wein. Dann schlief er mit der Frau. Und schließlich tötete er die Ziege.

In der Bergpredigt betont Jesus, dass seine Auslegung der Tora dem schriftlichen Gesetz entspricht:

> Denn wahrlich, ich sage euch: Bis der Himmel und die Erde vergehen, soll auch nicht ein Jota oder ein Strichlein von dem Gesetz vergehen, bis alles geschehen ist.

Dazu eine Geschichte aus den Midraschim, in der es um den König Salomo geht. In 5. Mose 17 findet sich ein Gesetz für den zukünftigen König:

> Wenn du in das Land kommst, das der HERR, dein Gott, dir gibt, und es in Besitz genommen hast und darin wohnst und sagst: »Ich will einen König über mich setzen, wie alle Nationen, die rings um mich her sind!«, dann sollst du nur den König über dich setzen, den der HERR, dein Gott, erwählen wird. Aus der Mitte deiner Brüder sollst du einen König über dich setzen. Du sollst nicht einen Ausländer über dich setzen,

> der nicht dein Bruder ist. Nur soll er sich nicht viele Pferde anschaffen, und er soll das Volk nicht nach Ägypten zurückführen, um sich noch mehr Pferde anzuschaffen, denn der Herr hat euch gesagt: Ihr sollt nie wieder auf diesem Weg zurückkehren. Und er soll sich nicht viele Frauen anschaffen, damit sein Herz sich nicht von Gott abwendet. Auch Silber und Gold soll er sich nicht übermäßig anschaffen. Und es soll geschehen, wenn er auf dem Thron seines Königreiches sitzt, dann soll er sich eine Abschrift dieses Gesetzes in ein Buch schreiben, aus dem Buch, das den Priestern, den Leviten, vorliegt. Und sie soll bei ihm sein, und er soll alle Tage seines Lebens darin lesen, damit er den Herrn, seinen Gott, fürchten lernt, um alle Worte dieses Gesetzes und diese Ordnungen zu bewahren, sie zu tun, damit sein Herz sich nicht über seine Brüder erhebt und er von dem Gebot weder zur Rechten noch zur Linken abweicht, damit er die Tage in seiner Königsherrschaft verlängert, er und seine Söhne, in der Mitte Israels.
>
> *5. Mose 17,14-20*

Ein Kommentar von R. Jehoschua ben Levi (um 250), der die Lehre von R. Schimon bar Jochai (um 150) zitiert, erklärt:

> Das Buch Dwarim (5. Mose) stieg zur Höhe empor, warf sich vor Gott nieder und sprach: Herr der Welt, du hast in deiner Tora geschrieben: Jedes Testament, von dem ein Teil ungültig geworden ist, ist ganz ungültig! Und siehe, Salomo sucht ein Jod von mir zu vernichten. (Während er nämlich die Gesetze missachtet: Er halte sich nicht viele Weiber usw.) Da antwortete Gott: Salomo und tausend seinesgleichen werden vergehen, aber ein Wort von dir wird nicht verge-

hen. – An einer anderen Stelle wird übersetzt: Ein Jod von dir wird in Ewigkeit nicht vergehen.[26]

Die folgende Geschichte von R. Schimon bar Jochai zeigt etwas über die Bedeutung, die dem Jod in den jüdischen Erzählungen zukommt:

> Das Jod, welches Gott aus dem Namen Sarai nahm (vgl. 1. Mose 17,15), flog eilends vor den Thron Gottes und sprach: Herr der Welten, weil ich der kleinste unter den Buchstaben bin, hast du mich weggenommen von der gerechten Sara!
> Gott antwortete: Vordem bist du in dem Namen einer Frau gewesen, und zwar am Ende der Buchstaben, jetzt werde ich dich in den Namen eines Mannes setzen, und zwar als ersten der Buchstaben (vgl. 4. Mose 13,16): »Mose nannte den Hoschea, Sohn des Nun, Jehoschua (*hoschea jehoschua*).[27]

Zum Schluss noch einmal zurück zu der Aussage Jesu: »Ich bin nicht gekommen aufzulösen, sondern zu erfüllen«. Was meint er mit diesem »Erfüllen«? Erfüllen im Sinne von: »Ich habe es erfüllt und die Sache ist abgeschlossen«? Ein solches Verständnis würde den vielen anderen Aussagen Jesu über die Tora widersprechen. Ich verstehe »erfüllen« daher als etablieren, begründen.

Denn ich sage euch …

> Denn ich sage euch: Wenn nicht eure Gerechtigkeit die der Schriftgelehrten und Pharisäer weit übertrifft, so werdet ihr keinesfalls in das Reich der Himmel hineinkommen.
> *Matthäus 5,20*

Die Worte »Denn ich sage euch« weisen darauf hin, dass Jesus jetzt etwas sehr Wichtiges sagt. An dieser Stelle sind wir oft verwirrt. Aus den jüdischen Schriften wissen wir, dass die Gerechtigkeit der Schriftgelehrten und Pharisäer auf einem sehr hohen Level war. Und Jesus verlangt, dass die Gerechtigkeit seiner Jünger diese noch weit übertrifft? Wie soll man das verstehen? Sollen sie noch mehr tun als die Schriftgelehrten und Pharisäer? Mehr Eifer, mehr Gebote?

Manchmal beneide ich meine orthodoxen Brüder – sie studieren das Wort Gottes fünfzehn Stunden pro Tag! Ich würde mir wünschen, dass wir als Jesu Nachfolger mindestens ein Zehntel dieser Zeit in das Bibellesen investieren würden. Doch es geht Gott nie darum, wie viel wir tun. Er interessiert sich in erster Linie für die Motive, aus denen wir handeln oder nicht handeln:

> Denn der Mensch sieht auf das, was vor Augen ist, aber der HERR sieht auf das Herz.
>
> *1. Samuel 16,7*

Gott kennt unsere Beweggründe und unsere Herzen. Die Gerechtigkeit, von der Jesus spricht, muss aus unserem Herzen kommen. Die Propheten sagten:

> Ich werde mein Gesetz (oder: meine Tora) in ihr Inneres legen und werde es auf ihr Herz schreiben. Und ich werde ihr Gott sein, und sie werden mein Volk sein.
>
> *Jeremia 31,33*

> Und ich werde meinen Geist in euer Inneres geben; und ich werde machen, dass ihr in meinen Ordnungen lebt und meine Rechtsbestimmungen bewahrt und tut.
>
> *Hesekiel 36,27*

Beide Bibelstellen sprechen darüber, dass Gott etwas in unser Inneres legen wird, aber sie verwenden verschiedene Begriffe: Tora und Geist. Das heißt: Wir brauchen beides! Wir sollten nicht glauben, wir bräuchten keine Tora, keine Gebote, wenn wir den Geist Gottes in uns haben. Das Gleiche gilt natürlich umgekehrt.

Wiedergeboren sein im jüdischen Kontext bedeutet Tora und Geist! Das ist es, was Jesus Nikodemus deutlich machen wollte: »Wenn jemand nicht aus Wasser und Geist geboren wird, kann er nicht in das Reich Gottes hineingehen« (Johannes 3,5). Jesus spricht hier genau wie in der Bergpredigt über das Himmelreich, das Reich Gottes!

TORA UND GEIST ZUSAMMEN – DAS IST DER FAKTOR, DER DIE NACHFOLGER JESU VON DER WELT UNTERSCHEIDET.

Tora und Geist zusammen – das ist der Faktor, der die Nachfolger Jesu von den besten Humanisten der Welt unterscheidet. Andere Menschen tun auch viel Gutes. Aber das Himmelreich besteht aus Menschen, die wiedergeboren sind. Ob dies der Fall ist, entscheidet sich daran, ob die Tora, die Weisung Gottes, in unserem Herzen ist oder nicht.

Trotz unserer Schwachheit

Einen weiteren Aspekt dürfen wir nicht außer Acht lassen: Wer sind die »Ersthörer«, an wen richtet Jesus diese Predigt, darunter seine Worte: »Ihr seid das Licht der Welt«? Wer sind diese starken Männer des Glaubens? Petrus, der bald darauf Jesus dreimal verleugnet? Thomas, der zweifelt? Judas? Schwache, Kleingläubige, wie Jesus selbst von ihnen sagt. Ist das irritierend? Auf keinen Fall! Wenn ich darüber nachdenke, fühle ich mich in guter Gesellschaft! Ich, wir sind auch so! Und trotzdem sagt Jesus diesen Männern und auch uns: »Ihr seid das Licht der Welt.« Nur in einer tiefen

Verbundenheit mit Jesus können wir trotz unserer Schwachheit dieses Gebot erfüllen.

Das Himmelreich besteht aus Menschen, die sich nicht ihrer frommen Werke rühmen. Sie sind nach den Worten Jesu »geistlich arm«. Und sie bleiben in konstanter Umkehr zu Gott und leben für ihn.

DAS HIMMELREICH BESTEHT AUS MENSCHEN, DIE »GEISTLICH ARM« SIND.

Im Talmud findet sich folgende Weisheit:

> Rabbi Elieser sagte: »Bekehre dich einen Tag vor deinem Tod.«
> Schüler: »Wann soll ich umkehren, ich weiß doch gar nicht, wann ich sterbe?«
> Rabbi: »Das bedeutet: Jeden Tag, es könnte dein letzter sein, und kehre um heute, da du nicht weißt, ob du morgen noch lebst.«[28]

THESEN UND ANTITHESEN

Ihr habt gehört, dass zu den Alten gesagt ist: Du sollst nicht töten; wer aber töten wird, der wird dem Gericht verfallen sein. Ich aber sage euch, dass jeder, der seinem Bruder zürnt, dem Gericht verfallen sein wird; wer aber zu seinem Bruder sagt: Raka!, dem Hohen Rat verfallen sein wird; wer aber sagt: Du Narr!, der Hölle des Feuers verfallen sein wird. Wenn du nun deine Gabe darbringst zu dem Altar und dich dort erinnerst, dass dein Bruder etwas gegen dich hat, so lass deine Gabe dort vor dem Altar und geh vorher hin, versöhne dich mit deinem Bruder, und dann komm und bring deine Gabe dar! Komm deinem Gegner schnell entgegen, während du mit ihm auf dem Weg bist! Damit nicht etwa der Gegner dich dem Richter überliefert und der Richter dem Diener und du ins Gefängnis geworfen wirst. Wahrlich, ich sage dir: Du wirst nicht von dort herauskommen, bis du auch die letzte Münze bezahlt hast.

Ihr habt gehört, dass gesagt ist: Du sollst nicht ehebrechen. Ich aber sage euch, dass jeder, der eine Frau ansieht, sie zu begehren, schon Ehebruch mit ihr begangen hat in seinem Herzen. Wenn aber dein rechtes Auge dir Anstoß zur Sünde gibt, so reiß es aus und wirf es von dir! Denn es ist dir besser, dass eins deiner Glieder umkommt und nicht dein ganzer Leib in die Hölle geworfen wird. Und wenn deine rechte Hand dir Anstoß zur Sünde gibt, so hau sie ab und wirf sie von dir! Denn es ist dir besser, dass eins deiner Glieder umkommt und nicht dein ganzer Leib in die Hölle geworfen wird. Es ist aber gesagt: Wer seine Frau entlassen will, gebe ihr einen Scheidebrief. Ich aber sage euch: Jeder, der seine Frau entlassen wird, außer

aufgrund von Hurerei, macht, dass mit ihr Ehebruch begangen wird; und wer eine Entlassene heiratet, begeht Ehebruch.
Wiederum habt ihr gehört, dass zu den Alten gesagt ist: Du sollst nicht falsch schwören, du sollst aber dem Herrn deine Eide erfüllen. Ich aber sage euch: Schwört überhaupt nicht! Weder bei dem Himmel, denn er ist Gottes Thron; noch bei der Erde, denn sie ist seiner Füße Schemel; noch bei Jerusalem, denn sie ist des großen Königs Stadt; noch sollst du bei deinem Haupt schwören, denn du kannst nicht ein Haar weiß oder schwarz machen. Es sei aber eure Rede: Ja, ja! Nein, nein! Was aber darüber hinausgeht, ist vom Bösen.
Ihr habt gehört, dass gesagt ist: Auge um Auge und Zahn um Zahn. Ich aber sage euch: Widersteht nicht dem Bösen, sondern wenn jemand dich auf deine rechte Backe schlagen wird, dem biete auch die andere dar; und dem, der mit dir vor Gericht gehen und dein Untergewand nehmen will, dem lass auch den Mantel! Und wenn jemand dich zwingen wird, eine Meile zu gehen, mit dem geh zwei! Gib dem, der dich bittet, und weise den nicht ab, der von dir borgen will!
Ihr habt gehört, dass gesagt ist: Du sollst deinen Nächsten lieben und deinen Feind hassen. Ich aber sage euch: Liebt eure Feinde, und betet für die, die euch verfolgen, damit ihr Söhne eures Vaters seid, der in den Himmeln ist! Denn er lässt seine Sonne aufgehen über Böse und Gute und lässt regnen über Gerechte und Ungerechte. Denn wenn ihr liebt, die euch lieben, welchen Lohn habt ihr? Tun nicht auch die Zöllner dasselbe? Und wenn ihr allein eure Brüder grüßt, was tut ihr Besonderes? Tun nicht auch die von den Nationen dasselbe? Ihr nun sollt vollkommen sein, wie euer himmlischer Vater vollkommen ist.

Matthäus 5,21-48

In den folgenden sechs Lehrsätzen zeigt Jesus, wie sich die bessere Gerechtigkeit im Umgang mit anderen Menschen auswirkt. Diese Aussagen Jesu sind in der Theologie bekannt als Antithesen.

Jesus widerspricht nicht der Tora

Ich möchte kurz auf diesen Begriff eingehen. Viele Menschen meinen, Jesus würde das Alte Testament zitieren, das sind die Thesen, und dann in etwa verkünden: »Was ihr bisher gelernt habt, ist falsch, jetzt kommt die Antithese: Ich aber sage euch …« Nach dem Motto: »Das Alte ist vergangen, jetzt wird das Gesetz abgeschafft.«

Der Eindruck, dass Jesus der Tora widerspricht, entsteht durch das kleine Wörtchen »aber«. Vom griechischen Text und besonders vom hebräischen Verständnis her sollte hier jedoch nicht »aber«, sondern »und« stehen, das heißt: »Und ich sage euch.« Man könnte auch schreiben: »Ich nun sage euch« oder »Ich lege euch das so aus«.

Jesus widerspricht hier nicht der Tora, sondern er etabliert sie und bietet seine Auslegung dazu in einer innerjüdischen Abhandlung an.

Ein Leben in Heiligkeit

Er widmet sich den folgenden sechs Thesen beziehungsweise Auslegungen der Tora, denen ich das zugrunde liegende Thema zugeordnet habe:

- **These 1:** Du sollst nicht töten – Vom Umgang der Jünger miteinander
- **These 2 und 3:** Ehebruch und Ehescheidung – Vom Umgang mit den Frauen

- **These 4:** Falsches Schwören – Vom Umgang mit den Mitmenschen
- **These 5:** Auge um Auge – Vom Umgang mit Konflikten
- **These 6:** Feindesliebe – Vom Umgang mit anderen Frömmigkeitsstilen

Bevor wir die erste These unter die Lupe nehmen, möchte eine sehr wichtige Dimension all dieser Lehrsätze hervorheben. Wir wissen, wie wichtig für das Judentum der Begriff *kadosch* (heilig) ist. Das Volk Israel wurde von Gott als Mustervolk zu einem Leben in Heiligkeit gerufen. Und in den hier behandelten Aussagen Jesu aus der Bergpredigt geht es genau darum:

- **These 1:** Heiligkeit des Lebens
- **These 2 und 3:** Heiligkeit der Ehe
- **These 4 bis 6:** Heiligkeit der Beziehungen

Jesus ruft uns in ein Leben der Heiligkeit!

Ein Zaun um die Tora

Zwei Dinge müssen wir festhalten, bevor wir uns die Thesen anschauen. »Ihr habt gehört«, bedeutet: »Es ist als Tradition gelehrt worden.« Das erklärt die Tatsache, dass vieles keine direkten Bibelzitate sind. Manche Formulierungen finden wir gar nicht in der Hebräischen Bibel, andere sind zusammengesetzte Zitate aus verschiedenen Bibelstellen.

Zur Zeit Jesu gab es bestimmte Regeln beziehungsweise Auslegungsmethoden, mit denen bibelkundige Leute das Wort Gottes auslegten. Eine davon ist die *G'serah Shavah* (mehrdeutige Ausdrücke – literarisch: »gleicher Schnitt«). Sie besteht darin, gleiche Aussagen miteinander zu vergleichen, sodass sie sich gegenseitig auslegen. Dabei geht es um die mündliche Überlieferung, wie das Gesetz verstanden und erfüllt werden sollte. Eine Auslegung brauchte man, weil beispielsweise mit dem Gebot »Du sollst nicht töten« nichts über Art der Tötung und der Strafe gesagt wird. Ebenso erläutert das Gebot »Heilige den Schabbat« nicht, wie man dies tun soll.

Einer der wichtigsten Auslegungstexte im Judentum ist die Mischna. Sie ist die Zusammenfassung der mündlichen Tora. Der Begriff *Mischna* bedeutet: »Lernen durch Wiederholung«. Aufgeschrieben wurde sie um das Jahr 220. Sie besteht aus sechs Ordnungen, eine davon sind die *Nesikin* (Schädigungen). In dieser Ordnung finden sich zehn Traktate über das Straf- und Zivil-, insbesondere das Schadensersatzrecht, zusätzlich das ethische Traktat *Pirke Avot* (Sprüche der Väter).

> Ihr habt gehört, dass zu den Alten gesagt ist: Du sollst nicht töten; wer aber töten wird, der wird dem Gericht verfallen sein.

Aus diesem Satz können wir bereits ersehen, dass es nicht um das Gebot selbst geht, sondern um die Überlieferung. Als die Gebote gegeben wurden, gab es nämlich noch keine Gerichte im Volk Israel.

DER ZAUN UM DIE TORA HAT DEN ZWECK, MENSCHEN DAVOR ZU BEWAHREN, DIE GEBOTE GOTTES ZU ÜBERTRETEN.

Ein jüdisches Gericht, das *Beit Din*, bestand in der Regel aus drei Ältesten, die als minimale rechtliche Instanz in der Gemeinschaft anhand der Tora für Recht sorgten. Die Tora, die Weisung, ist für das jüdische Volk das Wichtigste. Sie ist das Wort Gottes, das Leben schenkt. Wenn man die Tora übertritt beziehungsweise falsch lehrt, riskiert man sein Leben.

Um zu vermeiden, dass man statt Leben den Tod erntet, haben die jüdischen Weisen schon zur Zeit Esras und Nehemias angefangen, einen sogenannten »Zaun« um die Tora zu bauen. Der Zweck dieses Zaunes ist es, die Menschen davor zu bewahren, die Gebote Gottes zu übertreten. Wenn ein Mensch den Zaun übertreten hat, hat er gegen das Gebot selbst noch nicht gesündigt.

Die erste Mischna, der erste Satz in der mündlichen Überlieferung lautet:

> Mose empfing die Tora vom Sinai und gab sie Josua weiter, und Josua den Ältesten und die Ältesten den Propheten. Und die Propheten gaben sie den Männern der Großen Synagoge Sanchedrin weiter.
> Diese sagten drei Dinge: Seid zurückhaltend im Gericht, und zieht viele Schüler heran, und macht einen Zaun um die Tora.

Ein rabbinischer Kommentar dazu erklärt:

> Sie sollten ehrlich und nicht bestechlich sein, viele Schüler die Gebote lehren und die Gesetze so ausleben und weiterlehren, dass sie auf keinen Fall gebrochen werden.[29]

Wie wir sehen werden, baut auch Jesus mit seinen »Antithesen« in Wirklichkeit einen Zaun um die Tora.

Heiligkeit des Lebens

> Ihr habt gehört, dass zu den Alten gesagt ist: Du sollst nicht töten; wer aber töten wird, der wird dem Gericht verfallen sein. Ich aber sage euch, dass jeder, der seinem Bruder zürnt,

dem Gericht verfallen sein wird; wer aber zu seinem Bruder sagt: Raka!, dem Hohen Rat verfallen sein wird; wer aber sagt: Du Narr!, der Hölle des Feuers verfallen sein wird. Wenn du nun deine Gabe darbringst zu dem Altar und dich dort erinnerst, dass dein Bruder etwas gegen dich hat, so lass deine Gabe dort vor dem Altar und geh vorher hin, versöhne dich mit deinem Bruder, und dann komm und bring deine Gabe dar!
Komm deinem Gegner schnell entgegen, während du mit ihm auf dem Weg bist! Damit nicht etwa der Gegner dich dem Richter überliefert und der Richter dem Diener und du ins Gefängnis geworfen wirst. Wahrlich, ich sage dir: Du wirst nicht von dort herauskommen, bis du auch die letzte Münze bezahlt hast.

Matthäus 5,21-26

Jesus beginnt seine Auslegung mit dem sechsten Gebot. Wenn wir die Verse lesen, dann begreifen wir, dass es nicht nur um das Töten geht, sondern um viel mehr. Es geht um Beziehungen, und zwar um Beziehungen innerhalb der Gemeinschaft der Gläubigen, denn Jesus verwendet mehrmals den Ausdruck »Bruder«. Damit sind für den Einzelnen nicht alle Menschen auf der Erde gemeint, sondern diejenigen, denen wir regelmäßig begegnen. Wir müssen lernen, zunächst unsere unmittelbaren Nächsten zu lieben, bevor wir der ganzen Welt eine Liebeserklärung machen.

Der Kampf zwischen Leidenschaft und Vernunft

Wenn Jesus über Beziehungen spricht, dann geht es ihm um unsere Seele. Seine Lehre ist etwas anderes als gute Erziehung. Gut erzogene Menschen können trotz ihrer Erziehung moralische Missgeburten sein. Manche Nazis haben am Sonntag die Messe besucht und am Montag Tausende Menschen erschossen.

Plato lehrte, dass die menschliche Seele wie zwei Pferde ist: Vernunft und Leidenschaft. Bei gesunden Erwachsenen hat die Vernunft normalerweise die Kontrolle über die Gefühle. Aber man muss immer auf der Hut sein, denn es besteht stets die Gefahr, dass die Gefühle die Oberhand gewinnen.

Den Griechen ist es nicht gelungen, diesen Kampf zwischen Leidenschaft und Vernunft zu lösen, aber die Juden haben eine Lösung. Sie beginnt mit der Aussage: »Höre (*schma'*) Israel … Ich bin dein Gott.« Ohne diese Selbstvorstellung sind alle zehn Gebote nur Schall und Rauch. Man könnte widersprechen und sagen: Die Zehn Gebote bilden die Basis für das Grundgesetz in allen zivilisierten Staaten. Doch warum sind kaputte Beziehungen dann eines der größten Probleme in der modernen Gesellschaft? Warum hassen und verachten die Menschen einander? Weil die Basis und die Startposition für die Zehn Gebote gerade das Bekenntnis ist: »Du bist mein Gott. Ich höre dich und deine Gebote sind für mich wichtig.« Ohne diesen Treueid bleibt unser Herz unberührt. Nur der Herr kann eine Operation an unseren Herzen vornehmen: Brit Mila (Bund der Beschneidung), die Beschneidung des Herzens! Nur Gott kann uns seinen Geist ins Herz geben.

Jesus gibt seinen Jünger seine *Halacha. Halacha* kommt von dem hebräischen Wort *lalechet*, das »gehen, wandeln« bedeutet. Es ist ein Fachbegriff für die Regeln, die das Leben innerhalb einer gläubigen Gemeinschaft bestimmen. Das Verb »wandeln« und das Substantiv »Wandel« finden sich insgesamt 110-mal in der Elberfelder Übersetzung, Luther übersetzt doppelt so oft mit »wandeln« beziehungsweise »Wandel«. Beispielsweise heißt es bei Luther von Noah »er wandelte mit Gott« (1. Mose 6,9). Das heißt nicht, dass

Noah mit Gott spazieren ging, sondern dass er sein Vertrauen zu Gott in einem bestimmten Lebensstil zum Ausdruck brachte, er lebte nach Gottes *Halacha*. Dies kommt zum Beispiel in der Elberfelder Übersetzung zum Ausdruck, wo es heißt: »Noah lebte mit Gott.«

Das Sinnbild des »Wandelns« findet sich auch im Neuen Testament, wo Jesus über sich sagt: »Ich bin der Weg« (Johannes 14,6). Seine ersten Nachfolger nannten sich Menschen des Weges: Anaschim ha Derech (Apostelgeschichte 9,2). Das bedeutete, dass ihr Wandel mit bestimmten Regeln verbunden war. Apostelgeschichte 18,25 sagt, Apollos »war unterwiesen im Weg des Herrn«. Das ist ebenfalls eine Anlehnung an die *Halacha*.

HALACHA BEDEUTET, GOTTES GEBOTE IM EIGENEN LEBEN ZU VERWIRKLICHEN.

Halacha bedeutet, Gottes Gebote im eigenen Leben zu verwirklichen. Jesus gibt seinen Jüngern in der Bergpredigt eine neue *Halacha* und bekräftigt sie mit seiner Autorität: »Ich aber sage euch!«

Vom Töten

Doch warum greift Jesus gerade die beiden Gebote »Du sollst nicht töten«, und »Du sollst nicht ehebrechen« heraus?

Ein Zitat aus dem Talmud gibt eine Antwort darauf:

> Drei Arten der Sünder kommen in die Gehenna und haben keine Chance zurückzukehren: Ehebrecher, die, die ihren Nächsten öffentlich beschämen, und die, die ihren Nächsten verachtende Spitznamen geben.[30]

An dieser Stelle muss darauf hingewiesen werden, dass im Hebräischen ganz strikt zwischen morden und töten unterschieden wird.

Das griechische Wort *phoneúō*, das in Matthäus 5,21 gebraucht wird, hat das hebräische Äquivalent *razach*. Dieser hebräische Begriff wird auch im sechsten Gebot (2. Mose 20,13) verwendet und meint einen absichtlichen beziehungsweise vorsätzlichen Mord. Töten heißt auf Hebräisch הרג (*harag*). Das sechste Gebot verbietet geplantes, präzises Morden und nicht pauschal das Töten. Dies zeigt sich auch darin, dass das Gesetz des Mose die Todesstrafe in bestimmten Fällen[31] vorsieht:

> Wer Menschenblut vergießt, dessen Blut soll durch Menschen vergossen werden.
> *1. Mose 9,6*

Gott selbst hat den Israeliten geboten, die kanaanäischen Völker zu zerstören, und sie hatten offensichtlich keine Gewissensbisse, weil sie damit das sechste Gebot brachen. Das Menschenleben ist heilig, aber wenn ein Mensch Böses tut und sündigt, tritt ein anderes geistliches Gesetz in Kraft:

> Denn alle, die das Schwert nehmen, werden durchs Schwert umkommen.
> *Matthäus 26,52*

Jesus will mit seiner Lehre der Tora nicht widersprechen, sondern er verschärft deren Aussagen:

> Ich aber sage euch, dass jeder, der seinem Bruder zürnt, dem Gericht verfallen sein wird; wer aber zu seinem Bruder sagt: Raka!, dem Hohen Rat verfallen sein wird; wer aber sagt: Du Narr!, der Hölle des Feuers verfallen sein wird.
> *Matthäus 5,22*

Zürnen bedeutet zornig zu sein. Der hebräische Begriff für Zorn bezeichnet nicht einfach Zorn als Gefühl, sondern Zorn, der in die Tat umgesetzt wird und außerdem unbegründet ist. Viele Handschriften enthalten die Worte »der seinem Bruder ohne Grund zürnt«.

Wenn ein Lehrer zur Zeit Jesu über seinen Jünger zornig wurde, erklärte er einen *Nasaf* und belegte damit den Jünger mit einem Bann. Das war die erste Stufe vor der Exkommunizierung. Sieben Tage musste der Jünger beschämt zu Hause sitzen. Er durfte keine Unterhaltung mit anderen Menschen haben, nicht seinen Geschäften nachgehen und andere Menschen nicht mit Schalom begrüßen.

Das war eine harte Strafe und wenn die Strafe berechtigt war, dann erreichte sie ihr Ziel: Der Jünger bereute, ihm wurde vergeben und er kehrte in die Gemeinschaft der Heiligen zurück. Aber wenn der Zorn des Lehrers ohne Ursache war, sollte er nach Jesu Worten vor ein jüdisches Gericht gestellt werden.

Die nächste Bannstufe ist *Raka*. Dieses aramäische Wort bedeutet »leer« oder »Hohlkopf«. Wenn ein Lehrer überzeugt war, jemand habe ihn gekränkt oder habe etwas Verächtliches über die Tora gesagt, dann sagte er: »*Raka*.« Damit wollte er sagen, dass dieser Mensch unfähig sei, die Tora wahrzunehmen. Mit der Bezeichnung *Raka* wurde man von der Tora, von der *Kehila* (Gemeinde) Israel und damit von der Quelle des Lebens getrennt.

Dieser Bann dauerte dreißig Tage. Zusätzlich zu dem oben Angeführten durfte der bestrafte Jünger nur mit seiner Familie Umgang haben, er durfte sich nicht die Haare schneiden und seine Kleider nicht waschen. Damit sollte er seine Trauer über eine Sünde zeigen, die er vielleicht niemals begangen hatte. Daher sagte Jesus, dass jeder, der unbegründet einen solchen Bann verhängt, vor den *Sanhedrin*, das Gericht von 23 Menschen kommen soll.

Das dritte und höchste Beleidigungslevel wäre, jemand einen Narren zu nennen. Hinter diesem Begriff steht das aramäische Wort *Lella*. Eine der Übersetzungen ist »Kindermädchen«. Im Orient ist das eine der höchsten Beleidigungen für einen Mann.[32] Mit anderen Worten bedeutet »*Lella*«: »Als Mann taugst du gar nichts!« Hier wird weniger der Intellekt als die Person des Beleidigten angegriffen. Jemanden öffentlich *Lella* zu nennen, bedeutet, seinen Ruf und sein Ansehen zu zerstören. Auf eine solche Beleidigung folgte der schärfste Bann: Dreißig bis sechzig Tage völliger Isolation (*Cherem*).

JEMANDEN ZU BESCHÄMEN WURDE MIT DEM TÖTEN GLEICHGESETZT.

Zur Zeit Jesu wurde besonders in frommen Kreisen das Bannen praktiziert. Auf den ersten Blick wirkte es wie eine gerechte Strafe, geschah das Ganze doch auf einem religiösen Hintergrund. Es ging um den Willen Gottes, um sein Wort, um die Ethik! Und doch war etwas faul an der Sache, weil die zwischenmenschlichen Beziehungen dabei zerstört wurden, und Beziehungen sind im Judentum sehr wichtig.

Ein Zitat aus dem Talmud erläutert das folgendermaßen:

> Ein Jünger lehrte vor Rabbi Nachman ben Jitzchak, wenn jemand seinen Nächsten öffentlich beschämt, so ist es ebenso, als würde er Blut vergießen. Dieser sprach: Du hast recht; wir sehen auch, wie die Röte schwindet und die Blässe kommt.[33]

Dies verdeutlicht, warum das Beschämen mit dem Töten gleichgesetzt wird. Die folgende sehr interessante Geschichte aus dem Talmud zeigt ebenfalls etwas von jüdischer Ethik bezüglich Beziehungen:

Rabbi Eliazar, Sohn des Rabbi Shimon, kam aus Migdal Gedor, aus dem Haus seines Rabbis, und er ritt auf einem Esel am Ufer des Flusses entlang. Und er war sehr glücklich und sein Kopf war geschwollen vor Stolz, weil er die Tora viel studiert hatte.

Er stieß auf eine äußerst hässliche Person, die zu ihm sagte: »Ich grüße dich, mein Rabbi«, aber Rabbi Eliazar erwiderte seinen Gruß nicht. Stattdessen sagte Rabbi Eliazar zu ihm: »Wertlose (Reika) Person, wie hässlich ist dieser Mann. Sind alle Menschen in deiner Stadt so hässlich wie du?« Der Mann sagte zu ihm: »Ich weiß es nicht, aber du solltest gehen und zu dem Handwerker sagen, der mich gemacht hat: Wie hässlich ist das Gefäß, das du gemacht hast.« Als Rabbi Eliazar erkannte, dass er gegen diesen Mann nur wegen seiner Erscheinung gesündigt und ihn beleidigt hatte, stieg er von seinem Esel herab, warf sich vor ihm nieder und sagte zu dem Mann: »Ich habe gegen dich gesündigt; vergib mir.« Der Mann sagte zu ihm: »Ich werde dir nicht vergeben, bis du zu dem Handwerker gehst, der mich gemacht hat, und gesagt hast: Wie hässlich ist das Gefäß, das du gemacht hast.«

Rabbi Eliazar ging hinter dem Mann her und versuchte ihn zu beschwichtigen, bis sie Rabbi Eliazars Stadt erreichten. Die Leute seiner Stadt kamen heraus, um ihn zu grüßen, und sagten zu ihm: »Wir grüßen dich, mein Rabbi, mein Rabbi, mein Meister, mein Meister.« Der Mann sagte zu ihnen: »Wen nennt ihr mein Rabbi, mein Rabbi?« Sie sprachen zu ihm: »Zu diesem Mann, der hinter dir geht.« Er sagte zu ihnen: »Wenn dieser Mann ein Rabbi ist, mögen nicht viele wie er unter dem jüdischen Volk sein.« Sie fragten ihn: »Aus welchem Grund sagst du das?« Er sagte zu ihnen: »Er hat mir so und

so getan.« Sie sagten zu ihm: »Vergib ihm doch, denn er ist ein großer Tora-Gelehrter.«
Er sagte zu ihnen: »Um eurer selbst willen, ich vergebe ihm, vorausgesetzt er akzeptiert auf sich selbst, sich nicht daran zu gewöhnen, sich so zu benehmen.« Sofort trat Rabbi Eliazar, der Sohn von Rabbi Shimon, in das Studierzimmer ein und lehrte: »Eine Person sollte immer weich wie ein Rohr sein und nicht steif wie eine Zeder, da jemand, der stolz wie eine Zeder ist, wahrscheinlich sündigt.«[34]

Jesus baut mit seiner Aussage einen Zaun um das Gebot: »Du sollst nicht töten«. Er weiß, dass seine Jünger das Gebot und die mündliche Überlieferung dazu kennen. Doch er erläutert ihnen, dass es noch andere Verstöße gibt, die darunterfallen und vor Gericht gehören, und zwar das gegenseitige Bannen. Er macht deutlich: Wenn ein Lehrer ohne Grund zornig ist, taugt er nicht als Lehrer. Und er verweist auf den stärkeren Bann, der den Betroffenen isoliert, und den verschärften Bann, der dem Betroffenen die Existenzgrundlage raubt.[35] All dies gleicht dem Töten.

JESUS BAUT MIT SEINER ANTITHESE ZUM TÖTEN EINEN ZAUN UM DAS 5. GEBOT.

Heute gehört das Bannen nicht mehr zur gängigen Praxis in Gemeinden. Sind Jesu Worte dann überhaupt noch aktuell? Mit Sicherheit! Wenn wir über Menschen klatschen oder Gerüchte verbreiten, kann das ähnliche Auswirkungen haben wie damals das Bannen. Wie schnell kann ein Gerücht den Ruf eines Menschen zerstören und ihn moralisch umbringen!

Als Strafe für ein solches Verhalten nennt Jesus höllisches Feuer oder die *Gehenna*. Gehenna ist die griechische Form von *Ge-Hinnom*, der hebräischen Bezeichnung für das Hinnom-Tal im Südwesten Jerusalems. Wir lesen dazu im 2. Buch der Chronik:

> Zwanzig Jahre war Ahas alt, als er König wurde, und er regierte sechzehn Jahre in Jerusalem. Und er tat nicht, was recht war in den Augen des HERRN, wie sein Vater David. Sondern er ging auf den Wegen der Könige von Israel. Auch machte er Gussbilder für die Baalim. Und er war es, der im Tal Ben-Hinnom Rauchopfer darbrachte, und er verbrannte seine Söhne im Feuer nach den Gräueln der Nationen, die der HERR vor den Söhnen Israel vertrieben hatte. Und er brachte Schlachtopfer und Rauchopfer dar auf den Höhen und auf den Hügeln und unter jedem grünen Baum.
> *2. Chronik 28,1-4*

Das Hinnom-Tal war das Zentrum der Moloch-Anbetung. Dort brachte man in den schlimmsten Zeiten dem Götzen Moloch menschliche Opfer dar. Danach wurde daraus eine Müllhalde, wo das Feuer immer brannte. Das war ein Platz, wo sozusagen alles Unnütze und Böse vernichtet wurde. Im Grunde genommen war Gehenna ein Bild für die Hölle.

Wiederherstellung der Beziehung

In Matthäus 5,22 wird deutlich, dass unbegründeter Hass, Wut, Bösartigkeit und ganz besonders *laschon hara'* (Klatsch, Gerede) einem moralischen Mord gleichkommen und gerichtet werden müssen. Die Verse 23 bis 26 beschreiben folgendes Bild: Hauptsächlich die Priester hatten die Pflicht, in die Gegenwart Gottes zu treten und ihm Opfer zu bringen. Bevor sie das taten, mussten sie sich im Wasser reinigen. Das war die innere Vorbereitung auf die Begegnung mit Gott.

OHNE DIE BEZIEHUNGEN MIT DEM NÄCHSTEN ZU BEREINIGEN, IST ES NICHT MÖGLICH, MIT EINEM OPFER VOR GOTT ZU TRETEN.

Bei dieser inneren Vorbereitung sollte der Mensch seine Beziehungen zu seinen Mitmenschen prüfen und sich notfalls reinigen beziehungsweise diese ins Reine bringen. Dabei geht es nicht darum, wo wir uns verletzt fühlen, sondern darum, wo wir andere verletzt haben. Das ist im Zusammenhang mit dem Opferdienst wichtig, weil es nicht möglich ist, mit einem Opfer vor Gott zu treten, um Vergebung zu bekommen, ohne die Beziehungen mit dem Nächsten zu bereinigen.

Davon handelt auch das folgende Zitat aus der Mischna:

> Jemand, der sagt: »Ich werde sündigen und dann umkehren, ich werde wieder sündigen und dann umkehren«, wird keine Gelegenheit zur Umkehr erhalten; (für jemanden, der sagt:) »Ich werde sündigen, und Yom Kippur wird sühnen«, wird Yom Kippur nicht sühnen. Yom Kippur sühnt für Übertretungen zwischen einer Person und Gott, aber für eine Übertretung gegen den Nächsten kann Yom Kippur nicht sühnen, bis er seinen Nächsten um Vergebung bittet.[36]

Das stimmt völlig überein mit der Aussage unseres Messias. Mit den Versen 25 bis 26 meint Jesus: Wenn du es nicht geschafft hast, deine zwischenmenschlichen Beziehungen zu bereinigen, bevor du vor Gott trittst, dann wirst du die Konsequenzen tragen und für deine Schuld selbst bezahlen. Das Bild vom Gefängnis bedeutet: Du wirst völlig der Sünde ausgeliefert sein und keiner kann dich vor ihrer zerstörerischen Macht beschützen.

Wenn wir diese und die weiteren Thesen von Jesus studieren, müssen wir zwei Dinge berücksichtigen: Die Bergpredigt und besonders die Thesen sind nicht mit einer heutigen Predigt von 45 oder gar 20 Minuten vergleichbar, die dann niedergeschrieben wurde. Die Bergpredigt ist eine Sammlung von Aussagen des Rabbi

Jesus. Das heißt: Hinter jeder These stehen Diskussion und Nachdenken.

»Ich aber sage euch«, bedeutet: Jesus stützt die Tora, er widerspricht nicht dem Gesetz, sondern vertieft, deutet es, macht einen Zaun um das jeweilige Gebot, methodisch ganz im Sinne damaliger Rabbis.

Heiligkeit der Ehe

> Ihr habt gehört, dass gesagt ist: Du sollst nicht ehebrechen. Ich aber sage euch, dass jeder, der eine Frau ansieht, sie zu begehren, schon Ehebruch mit ihr begangen hat in seinem Herzen. Wenn aber dein rechtes Auge dir Anstoß zur Sünde gibt, so reiß es aus und wirf es von dir! Denn es ist dir besser, dass eins deiner Glieder umkommt und nicht dein ganzer Leib in die Hölle geworfen wird.
>
> *Matthäus 5,27-29*

Vom Ehebruch

Es ist sehr bezeichnend, dass Jesus hier eine ungewöhnliche Reihenfolge anspricht. Was kommt zuerst: die Lust oder die Tat? Normalerweise geht man davon aus, dass ein Mann ein sexuelles Abenteuer sucht (die Lust) und erst dann nach dem Objekt seiner Lust blickt (die Tat). Jesus aber sagt, dass das Auge die Falle ist. Der Blick darf nicht zum Begehren führen.

Zunächst stellt sich die Frage, warum Jesus hier ein menschliches Organ, das Auge, erwähnt. Eine Parallele dazu finden wir im Buch Hiob:

> Auch des Ehebrechers Auge lauert auf die Abenddämmerung, indem er sagt: Kein Auge kann mich dann erspähen. Und eine Hülle legt er aufs Gesicht.
> *Hiob 24,15*

Zu diesem Vers gibt es eine Auslegung von Rabbi Resch Lakisch:

> Damit du nicht sagst, dass nur derjenige, der es mit seinem Leib tut, ein Ehebrecher genannt wird. Wer mit seinen Augen die Ehe bricht, wird ein Ehebrecher genannt.[37]

Zur Zeit Jesu setzte sich das Judentum sehr sorgfältig mit der Heiligkeit der Ehe auseinander. Die Sexualität wird im Judentum als große Gabe Gottes angesehen und durch die Tora reguliert. Auch in der jüdischen Überlieferung gibt es viele Anordnungen für diesen Bereich des Lebens. Hier ist nur eine kleine Auswahl:

- Der Mann soll die Ehre seiner Frau schützen.[38]
- Ein Kinderloser ist wie ein Toter.[39]
- Es ist die Art des Mannes, der Frau nachzugehen, aber es ist nicht die Art der Frau, dem Manne nachzugehen.[40]
- Wahre Freude hat der Mann nur an seiner ersten Frau.[41]
- Jedem wird das Weib zuteil, das er verdient hat.[42]

Auch Scheidung und Wiederheirat wurden im Talmud lang und breit diskutiert, weil die Tora keine klaren Hinweise darüber gibt. Man stellte sich folgende Fragen:

- Wer darf geschieden werden?
- Aus welchem Grund?

- Wie und wann?
- Wie sieht ein Scheidebrief aus?
- Wie und von wem soll er geschrieben werden?

Wenn Jesus sagt: »Ihr habt gehört, dass gesagt ist: Du sollst nicht ehebrechen«, meint er: »Ihr kennt die Überlieferung beziehungsweise die Auslegung zu dem Toragebot.« Die Jünger hatten sicherlich die folgenden jüdischen Überlieferungen zum Thema Frauen beziehungsweise Ehebruch gehört:

> Man soll nicht auf dem Wege hinter einer Frau hergehen, auch wenn es die eigene Frau ist; begegnet sie ihm auf einer Brücke, so lasse er sie seitwärts gehen; wer hinter einer Frau einen Fluss durchschreitet, der hat keinen Teil an der zukünftigen Welt.[43]
> Rede nicht viel mit einer Frau; denn schließlich gerätst du in Ehebruch. … Wer Frauen anschaut, gerät schließlich in Sünde; wer auf die Ferse der Frau blickt, dem werden unwürdige Kinder zuteil.[44]

Das sind noch mit die nettesten Aussagen über Frauen im Talmud, es gibt viel härtere Zitate. Im ersten Jahrhundert lehrten einige Rabbis, dass jede Frau eine Quelle der Versuchung ist. Es ist kein Geheimnis, dass eine Frau durch ihren Blick, die Mimik oder die Gestik einen Mann verführen kann. Die jüdischen Gelehrten beschäftigten sich daher mit der Frage: Wie kann ein frommer Mann einer solchen Gefahr widerstehen? Daraus entstand die folgende Regel für den Umgang mit Frauen, die nicht zur Familie gehörten:

- Ein Mann darf mit einer Frau nicht in der Öffentlichkeit sprechen.
- Ein Mann darf nicht allein mit einer Frau in einem geschlossenen Raum sein.
- Ein Mann darf einer Frau nicht die Hand geben.

Im Talmud werden in einer sehr heftigen innerjüdischen Kritik sieben Typen von Pharisäern beschrieben. Einer davon ist der blutlassende Pharisäer, der die Wände mit Blut beschmutzt:

> Das ist ein Mann, der seine Augen nicht erhebt, um die Frauen nicht zu erblicken, und deshalb mit dem Kopf gegen die Wand rennt.[45]

Manche Sitten aus konservativen christlichen Kreisen erinnern mich an solche Regeln: Frauen sollen keine bunten Kleider tragen, keine Kosmetik oder Schmuck verwenden und die Frisur soll nicht auffallend sein. Doch Jesus begrüßt diese Regeln nicht.

Bemerkenswert ist bei diesem Abschnitt der Bergpredigt nicht, dass Jesus die Sexualität als einen äußerst wichtigen Aspekt des Lebens behandelt, sondern dass er nicht auf die Auswirkung des Problems eingeht. Er spricht stattdessen die Ursache an. Und nach Jesus ist die Wurzel der sexuellen Sünde nicht die Frau, sondern das Verhalten des Mannes ihr gegenüber.

NACH JESUS IST DIE WURZEL DER SEXUELLEN SÜNDE NICHT DIE FRAU, SONDERN DAS VERHALTEN DES MANNES IHR GEGENÜBER.

Reiß es aus!

Ich kenne viele bibeltreue Menschen, die behaupten, man müsse alles in der Bibel wörtlich nehmen. Aber sogar ganz konservative Christen würden etwas zögern, bevor sie sich die Augen ausreißen. Was meint Jesus also mit seinen Aussagen zur »neutestamentlichen Chirurgie«?

> Wenn aber dein rechtes Auge dir Anstoß zur Sünde gibt, so reiß es aus und wirf es von dir! Denn es ist dir besser, dass eins deiner Glieder umkommt und nicht dein ganzer Leib in die Hölle geworfen wird. Und wenn deine rechte Hand dir Anstoß zur Sünde gibt, so hau sie ab und wirf sie von dir! Denn es ist dir besser, dass eins deiner Glieder umkommt und nicht dein ganzer Leib in die Hölle geworfen wird.
> *Matthäus 5,29-30*

Das Wort »Verführung« heißt auf Griechisch *skándalon*. Davon ist abgeleitet das Wort *Skandaletron*, das einen Stab mit einer Falle bezeichnet, in der ein Köder steckt. Der Stab bewegt den Mechanismus der Falle. Verführung ist also etwas, das einen Menschen in die Falle lockt, um ihm das Leben zu rauben.

WAS GENAU MEINT JESUS MIT SEINER »NEUTESTAMENTLICHEN CHIRURGIE«?

Wie kann man Verführung vermeiden? Nur eine der folgenden drei Optionen führt wirklich zum Ziel:

- Man erklärt die Frau zur Verführungsquelle und vermeidet jeden Umgang mit ihr.
- Man übt Enthaltsamkeit.
- Man folgt der Lehre Jesu und reinigt seine Gedanken.

Die *Halacha* Jesu bezüglich Frauen und Sexualität unterscheidet sich von den *Halachot* anderer Rabbis darin, dass er den Fokus von der Frau auf den Mann verschiebt. Es ist keine Lösung, Frauen nicht mehr anzusehen, in frauenfreien Bussen zu fahren oder nur an Männertischen zu sitzen. Die *Halacha*, die Jesus seinen Jüngern gibt, besagt, dass Männer lernen müssen, Frauen mit Respekt zu behandeln. Sie dürfen sie anschauen, vielleicht sogar bewundern, jedoch ohne in Gedanken mit ihnen zu schlafen. Wenn Jesus sagt: »Reiß dein Auge aus«, dann meint er: »Der Mann muss seine Einstellung gegenüber Frauen ändern. Der Mann braucht eine Korrektur und muss das Problem bei sich selbst angehen.«

In die gleiche Richtung zielt die Amputation der Hand. Das Auge kann nur sehen, die Hand aber kann auch berühren. »Abhauen und wegwerfen« bedeutet jedoch nicht, jede Berührung mit einer Frau zu vermeiden, sondern die eigenen Gedanken zu reinigen, sich selbst zu ändern. Wenn der Kopf nicht durch pornografischen Müll, schmutzige Literatur und alberne Witze belastet ist, dann können Männer Frauen ganz normal anschauen und berühren, ohne dabei sinnlich erregt zu werden.

WENN JESUS SAGT: »REISS DEIN AUGE AUS«, DANN MEINT ER: »DER MANN MUSS SEINE EINSTELLUNG GEGENÜBER FRAUEN ÄNDERN.«

Nach Jesus ist die bessere Gerechtigkeit im Umgang mit Frauen:

- Unbefangen mit ihnen zu reden
- Sie nicht für die Quelle der Verführung zu halten
- Ihnen ohne Hintergedanken die Hand zu geben
- Sie zu ehren und zu respektieren.

Eine kleine Randbemerkung: Die Lehre Jesu ist für die Jünger bestimmt. Versuchen Sie bitte nicht, ungläubige Menschen davon zu überzeugen, dass die Bergpredigt ein Maßstab für sie ist. Um Jesu Lehre zu praktizieren, muss ein Mensch von ganzem Herzen glauben, dass Jesus sein Retter, Erlöser und Lehrer ist. Außerdem es ist notwendig, dass der Mensch sich entscheidet, nach den Geboten Gottes zu leben. Das passiert nicht automatisch. Erst dann wird Gott durch seinen Heiligen Geist unseren Verstand von den sündigen Gedanken reinigen und uns für den Umgang miteinander frei machen, wenn wir ihn darum bitten. Manchmal ist dafür auch die Unterstützung durch Seelsorge oder Therapie notwendig, wenn jemand beispielsweise in Pornografie verstrickt ist.

Von der Ehescheidung

> Es ist aber gesagt: Wer seine Frau entlassen will, gebe ihr einen Scheidebrief. Ich aber sage euch: Jeder, der seine Frau entlassen wird, außer aufgrund von Hurerei, macht, dass mit ihr Ehebruch begangen wird; und wer eine Entlassene heiratet, begeht Ehebruch.
>
> *Matthäus 5,31-32*

Das Grundprinzip im Judentum ist: Die Ehe ist heilig. Dies kommt sogar in der Bezeichnung für eine Eheschließung zum Ausdruck: *Kidduschin* bedeutet »Heiligung«. Einer der Höhepunkte bei einer jüdischen Trauung ist, wenn der Bräutigam seiner Braut den Ring ansteckt. In diesem Moment ruft die ganze Hochzeitgesellschaft laut: »*Mekudeschet, Mekudeschet, Mekudeschet*!« – Geheiligt! Geheiligt! Geheiligt!

DAS GRUNDPRINZIP IM JUDENTUM IST: DIE EHE IST HEILIG.

Doch eine Ehe funktioniert nicht von allein. Deshalb muss sie geschützt werden. Wenn es dennoch zu einer Katastrophe kommt, zum Beispiel zu Ehebruch, muss man eine Lösung suchen. Wenn man keine Lösung findet, dann wird die Ehe normalerweise aufgelöst.

Leider gab es damals wie auch heute eine große Differenz zwischen den Aussagen der Heiligen Schrift und der menschlichen Praxis. In der Bibel steht:

> Und zweitens tut ihr dies: Ihr bedeckt mit Tränen den Altar des HERRN, mit Weinen und Stöhnen, weil er sich eurer Opfergabe nicht mehr zuwendet und sie nicht mehr mit Wohlgefallen aus eurer Hand annimmt. Ihr sagt: Weswegen? Deswegen weil der HERR Zeuge gewesen ist zwischen dir und der Frau deiner Jugend, an der du treulos gehandelt hast, wo sie doch deine Gefährtin ist und die Frau deines Bundes. Und hat er sie nicht zu Einem gemacht? Zu einem Fleisch, in dem Geist ist. Und was erstrebt das Eine? Nachkommenschaft von Gott. So hütet euch bei eurem Leben! Und an der Frau deiner Jugend handle nicht treulos! Denn ich hasse Scheidung, spricht der HERR, der Gott Israels, ebenso wie wenn man sein Gewand mit Unrecht bedeckt, spricht der HERR der Heerscharen. So hütet euch bei eurem Leben und handelt nicht treulos!
>
> *Maleachi 2,13-16*

In diesem Text, der etwa aus dem Jahr 480 v. Chr. stammt, sagt Gott deutlich durch den Prophet Maleachi, dass er Scheidung hasst. Das sollte uns nicht weiter verwundern, denn wenn Gott den Menschen nach seinem Ebenbild gemacht hat, dann ist der Mensch berufen, so wie Gott zu handeln. Wenn Gott treu zu seinem Bund mit den

Menschen steht, dann erwartet er auch, dass der Mensch treu im Bund bleibt. Und die Ehe ist ein Bund, wie wir gesehen haben.

Im modernen Judentum des ersten Jahrhunderts gab es dazu zwei Hauptansichten. Die Schule Schammais sagte:

> Der Mann soll seine Frau nur verstoßen, wenn er an ihr eine Sache von Schandbarem gefunden hat; denn es heißt (5. Mose 24,1): »… weil er an ihr etwas Schändliches gefunden hat…«.

Dagegen sagt die Schule Hillels:

> Auch wenn sie eine Speise hat anbrennen lassen; denn es heißt: »… weil er an ihr etwas Schändliches gefunden hat…«. … Auch wenn er eine andere gefunden hat, die schöner ist als sie, denn es heißt (5. Mose 24,1): »… so sei es, wenn sie keine Gunst findet in seinen Augen«.[46]

Diese beiden Aussagen aus der Mischna scheinen widersprüchlich zu sein. Ich bin Guido Baltes sehr dankbar, dass er mir in einem Gespräch geholfen hat, den richtigen Blick dafür zu bekommen. Einerseits könnte man aus diesen Zitaten schließen, dass man sich leicht von der eigenen Frau trennen konnte. Andererseits wollten weder Hillel noch Schammai die Scheidung »leichtmachen«, denn das würde dem Grundgedanken der Tora widersprechen. Beide Gelehrte wollten das rechtliche Verfahren der Scheidung betonen. Dabei berücksichtigten sie den Unterschied zwischen der Realität der Scheidung und dem rechtlichen Umgang damit.

Beide wollten mit ihren Lehrsprüchen die Stellung der Frau verbessern. Ehemänner trennten sich sowieso von ihren Frauen, ob sie es durften oder nicht. Und wenn sie es taten, dann sollten sie wenigstens einen ordentlichen Scheidebrief ausstellen, denn nur so konnte die Frau wieder heiraten. Gerade Hillel wollte der Frau zu einem Scheidebrief verhelfen, auch wenn die Scheidung aus einem völlig nichtigen und lächerlichen Grund geschah. Schammais Regel dagegen war zwar strenger, verhinderte aber Scheidung auch nicht, sondern führte letztlich nur dazu, dass mehr Frauen ohne Scheidebrief illegal von ihrem Mann fortgeschickt wurden und daher nur die Möglichkeit hatten, ins Vaterhaus zurückzukehren und unverheiratet zu bleiben.

Jesus bezieht für keine der beiden Parteien Position, denn sowohl Hillel als auch Schammai berufen sich ja auf den Ausdruck »etwas Anstößiges«, nur dass sie es verschieden auslegen. Indem Jesus nicht darauf eingeht, lässt er offen, welche Auslegung besser ist. Wichtig ist für ihn nur, dass man beide Ansichten nicht dazu verwenden darf, ein »Recht auf Scheidung« einzufordern, sondern dass Scheidung trotz dieser »Notregelung« dem Willen Gottes widerspricht und ein Bruch der Ehe ist.

Heiligkeit der Beziehungen

> Wiederum habt ihr gehört, dass zu den Alten gesagt ist: Du sollst nicht falsch schwören, du sollst aber dem Herrn deine Eide erfüllen. Ich aber sage euch: Schwört überhaupt nicht! Weder bei dem Himmel, denn er ist Gottes Thron; noch bei der Erde, denn sie ist seiner Füße Schemel; noch bei Jerusalem, denn sie ist des großen Königs Stadt; noch sollst du bei deinem Haupt schwören, denn du kannst nicht ein Haar weiß oder schwarz machen. Es sei aber eure Rede: Ja, ja! Nein, nein! Was aber darüber hinausgeht, ist vom Bösen.
>
> *Matthäus 5,33-37*

Vom Schwören

Im religiösen Verständnis ist ein Schwur oder ein Gelübde ein Versprechen, bei dem man den Namen Gottes ausruft. Dabei sagt Jesus ganz ausdrücklich: Man darf nicht falsch schwören, man darf das Versprechen nicht brechen. Und was sehr wichtig ist, man darf dabei nicht den Namen Gottes ausrufen, weil es sich dabei um Missbrauch von Gottes Namen handelt. Das zweite der Zehn Gebote lautet:

> Du sollst den Namen des HERRN, deines Gottes, nicht zu Nichtigem aussprechen, denn der HERR wird den nicht ungestraft lassen, der seinen Namen zu Nichtigem ausspricht.
>
> *2. Mose 20,7*

Die Tora spricht sehr konkret über das Thema Schwören:

> Und ihr sollt bei meinem Namen nicht falsch schwören, dass du den Namen deines Gottes entweihst. Ich bin der HERR.
>
> *3. Mose 19,12*

> Wenn ein Mann dem HERRN ein Gelübde ablegt oder einen Eid schwört, ein Enthaltungsgelübde auf seine Seele zu nehmen, dann soll er sein Wort nicht brechen; nach allem, was aus seinem Mund hervorgegangen ist, soll er tun.
>
> *4. Mose 30,3*

> Wenn du für den HERRN, deinen Gott, ein Gelübde ablegst, sollst du nicht zögern, es zu erfüllen. Denn der HERR, dein Gott, wird es unbedingt von dir fordern, und Sünde würde an dir sein.
>
> *5. Mose 23,22*

Um zu entscheiden, ob dieses Thema für uns heute noch relevant ist, müssen wir zunächst verstehen, wie zur Zeit Jesu mit dem Schwören umgegangen wurde und warum es so wichtig für Jesus war, das Thema in der Bergpredigt anzusprechen.

Im ersten Jahrhundert gab es in Israel zwei Tendenzen bezüglich eines Eides oder Schwurs. Leichtsinnige Schwüre waren sehr verbreitet. Man sagte ohne Weiteres: »Ich schwöre bei meinem Leben; ich schwöre bei meinem Kopf; möge ich den Trost Israels nicht sehen, wenn …« Es gab Schwüre, die verpflichtend waren, und Schwüre, die nicht verpflichtend waren. Ein Schwur, in dem Gott genannt wurde, war verpflichtend. Selbstverständlich sprach man damals den Namen Gottes nicht direkt aus. Stattdessen sagte man: Himmel oder *Ha Schem* (der Name) oder *Ha Makom* (der Ort).

Gewiss gab es in der Tora nichts dergleichen, aber man erklärte das so: Wenn Gottes Name in den Schwur miteinbezogen wird, dann ist Gott ein Komplize beziehungsweise ein Mitbeteiligter dieses Schwurs. Dementsprechend war ohne Gottes Name der Schwur nicht verpflichtend.

Die vier Begriffe Himmel, Erde, Jerusalem und die Stadt des großen Königs, die Jesus verwendet, findet man in der Hebräischen Bibel:

> So spricht der Herr: Der Himmel ist mein Thron und die Erde der Schemel meiner Füße.
>
> *Jesaja 66,1*

> Sein heiliger Berg ragt schön empor, eine Freude der ganzen Erde; der Berg Zion, im äußersten Norden, die Stadt des großen Königs.
>
> *Psalm 48,2-3*

In der Mischna gibt es lange Diskussionen über das Schwören. Jesu *Halacha* zu diesem Thema deute ich folgendermaßen: Gott ist alles in allem. Alles liegt in seiner Hand: Himmel, Erde, Jerusalem und auch das Grauwerden unserer Haare, das heißt, das ganze menschliche Leben. Alles in diesem Universum gehört ihm, unabhängig davon, ob wir seinen Namen ausrufen oder nicht. Diesen Gedanken erklärt Jesus ausführlich an einer anderen Stelle:

> Wehe euch, ihr blinden Führer! Die ihr sagt: Wenn jemand bei dem Tempel schwören wird, ist das nichts; wenn aber jemand bei dem Gold des Tempels schwören wird, ist er gebunden. Narren und Blinde! Was ist denn größer, das Gold oder der Tempel, der das Gold heiligt? Und: Wenn jemand bei dem Altar schwören wird, ist das nichts; wenn aber jemand bei der Gabe schwören wird, die auf ihm ist, so ist er gebunden. Blinde! Was ist denn größer, die Gabe oder der Altar, der die Gabe heiligt? Wer nun bei dem Altar schwört, schwört bei ihm und bei allem, was auf ihm ist. Und wer bei dem Tempel schwört, schwört bei ihm und bei dem, der ihn bewohnt. Und wer bei dem Himmel schwört, schwört bei dem Thron Gottes und bei dem, der darauf sitzt.
>
> *Matthäus 23,16-22*

Was können wir aus diesen beiden Ausführungen Jesu lernen?

Wir dürfen das Leben nicht in heilige und profane Bereiche einteilen, nach dem Motto: Hier ist Gottes Heiligkeit und dort ist sie abwesend. Wir dürfen nicht in der Gemeinde auf eine Weise reden und zu Hause auf eine andere. Wir dürfen Gott nicht dadurch einschränken, dass wir Bereiche bestimmen, zu denen wir ihm keinen Zutritt gewähren wollen. Gott ist alles in allem. Wenn er mein

Herr ist, dann ist er der Herr meiner Beziehungen, meiner Einstellungen, meiner Prioritäten, meines Geldbeutels. Und darin sehe ich die Relevanz für uns, zu unserer modernen Zeit.

WIR DÜRFEN DAS LEBEN NICHT IN HEILIGE UND PROFANE BEREICHE EINTEILEN, NACH DEM MOTTO: HIER IST GOTTES HEILIGKEIT UND DORT NICHT.

Doch wie sieht es konkret mit falschen Eiden und dem Schwören aus? Ein Text aus dem Buch des Propheten Sacharja hilft uns, diese Frage zu beantworten.

> Und ich hob wieder meine Augen auf und sah: Und siehe, eine fliegende Schriftrolle! Und er sprach zu mir: Was siehst du? Und ich sagte: Ich sehe eine fliegende Schriftrolle, ihre Länge beträgt zwanzig Ellen und ihre Breite zehn Ellen. Und er sprach zu mir: Dies ist der Fluch, der ausgeht über die Fläche des ganzen Landes. Denn jeder, der stiehlt, ist bisher – wie lange nun schon! – ungestraft geblieben, und jeder, der falsch schwört, ist bisher – wie lange nun schon! – ungestraft geblieben. Ich habe ihn ausgehen lassen, spricht der HERR der Heerscharen, und er wird kommen in das Haus des Diebes und in das Haus dessen, der bei meinem Namen falsch schwört; und mitten in seinem Haus wird er über Nacht bleiben und wird es vernichten, sowohl sein Gebälk als auch seine Steine.
>
> *Sacharja 5,1-4*

Nach diesen Versen sitzen Diebe und Menschen, die falsch schwören, in einem Boot. Diebe fügen materiellen Schaden zu und zerstören dadurch zwischenmenschliche Beziehungen. Dasselbe tun Menschen, die falsch schwören. Deshalb trifft der Fluch beide Kategorien.

Die zwischenmenschlichen Beziehungen sind Gott äußerst wichtig. Von den »Zehn Worten« (so die jüdische Bezeichnung für die Zehn Gebote), die auf den Gesetzestafeln waren, sind fünf den zwischenmenschlichen Beziehungen gewidmet. Als Gott sein Volk aus Ägypten holte, verfolgte er ein viel größeres Ziel, als nur die hebräischen Stämme aus der Sklaverei zu erlösen. Das erlöste Volk sollte die Tora, die Grundlage des Lebens, bekommen und verinnerlichen, aber wiederum nicht nur um seinetwillen. Das Ziel Gottes war es, der ganzen Welt zu zeigen, wie erlöste Menschen miteinander umgehen.

Menschen, die Gott nicht kennen und seine Gebote nicht beachten, können einander misstrauen, einander belügen und egoistisch handeln. Aber seinem Volk hat Gott einen anderen Weg gezeigt. Das betrifft auch uns, die wir Gottes Liebe in Jesus erfahren haben. Menschen, die Gottes Erlösung erlebt haben, sind dazu berufen, erlöste Beziehungen zu ihren Geschwistern zu leben. Wir sind berufen, Beziehungen zu bauen, statt sie zu zerstören.

Deshalb kündigt Gott Menschen, die Beziehungen zerstören, schlimme Konsequenzen an, egal, ob es durch Lüge, Diebstahl oder falsche Eide geschieht. Dabei können wir bei den Juden lernen, und zwar von einer jüdischen Bewegung zur Zeit des Zweiten Tempels. So schreibt Josephus über die Essener[47]:

> Das gegebene Wort gilt bei ihnen mehr wie der Eid; ja, sie unterlassen das Schwören, weil sie es für schlimmer als Meineid halten. Wer ohne aufgrund der Gottheit keinen Glauben finde, der sei, sagen sie, schon im Voraus gerichtet.[48]

In einem Midrasch zu 2. Mose steht:

Als Gott seinem Volk auf dem Berg Sinai die Gebote gab, antworteten sie auf jedes Gebot mit Ja und auf jedes Verbot mit Nein.

Mit anderen Worten: Auf das Gebot »Du sollst den Schabbat heiligen«, antwortete das Volk mit »Ja«. Und auf das Gebot: »Du sollst nicht ehebrechen«, antwortete das Volk mit »Nein«. Darauf spielt Jesus an, als er sagt: »Es sei aber eure Rede: Ja, ja! Nein, nein!«

Sein Bruder fixierte ein paar Jahre später diese Aussage schriftlich:

> Vor allem aber, meine Brüder, schwört nicht, weder bei dem Himmel noch bei der Erde noch mit irgendeinem anderen Eid! Es sei aber euer Ja ein Ja und euer Nein ein Nein, damit ihr nicht unter ein Gericht fallt.
>
> *Jakobus 5,12*

Wenn für Gott unser Ja und Nein genügt, dann ist es nicht notwendig, irgendeine Schwurformel anzuwenden. Die Menschen praktizieren dies wegen des Misstrauens, und Misstrauen hat seinen Ursprung im Bösen. Die Bergpredigt richtet sich an die Jünger und Jesus will nicht, dass sich die Jünger gegenseitig misstrauen.

FÜR GOTT GENÜGT UNSER JA UND NEIN. DA BRAUCHT ES KEINE SCHWURFORMEL.

Eine bessere Gerechtigkeit bezüglich des Schwörens zu leben, heißt somit: Vertrauen zu üben und das, was wir versprochen haben, zu halten.

Zum Schluss zwei Zitate aus dem Talmud, die uns einen Einblick gewähren, wie das Judentum über unser Reden und Denken urteilt:

> Rabban Simon, Gamaliels Sohn, sagte: Auf drei Dingen beruht die Welt: Auf Recht, auf Wahrheit und auf Frieden, denn es steht geschrieben (Sacharja 8,16): Rede einer mit dem anderen Wahrheit und richtet recht und schaffet Frieden in euren Toren.[49]
> Vier Menschenklassen können von der Göttlichkeit nicht empfangen werden: die der Spötter, die der Schmeichler, die der Lügner und die der Verleumder. Die der Spötter, denn es heißt: Vor sein Angesicht kommt kein Schmeichler. Die der Lügner, denn es heißt: Wer Lügen redet, soll vor meinen Augen nicht bestehen. Die der Verleumder, denn es heißt: Denn du bist nicht ein Gott, der an Frevel Wohlgefallen findet; Böses darf nicht bei dir weilen. Du bist gerecht, o Herr, nicht darf in deiner Wohnung das Böse weilen.[50]

Vom Vergelten

Die fünfte These hat meiner Ansicht nach im Laufe der Geschichte sehr viel Verwirrung gestiftet. Es ist eine der Aussagen Jesu, die am meistens missverstanden wurden. Der historische, soziologische und theologische Schaden, der dadurch entstanden ist, ist unermesslich.

> Ihr habt gehört, dass gesagt ist: Auge um Auge und Zahn um Zahn. Ich aber sage euch: Widersteht nicht dem Bösen, sondern wenn jemand dich auf deine rechte Backe schlagen wird, dem biete auch die andere dar.
> *Matthäus 5,38-39*

In einigen Bibelübersetzungen trägt dieser Abschnitt die Überschrift: »Vom Vergelten«. Wie oft schaden Überschriften unserer Gottesbeziehung!

Was denkt man, wenn man unter diesem Titel die These von Jesus liest? Was ich am häufigsten in Predigten, Kommentaren, Vorträgen oder einfach von Christen gehört habe, ist: »Auge um Auge, das ist das Motto, die jüdische Vergeltungspraxis des Alten Testaments. Für uns Christen gilt das neutestamentliche Gebot: Liebe deinen Nächsten wie dich selbst!« Dadurch wird das Neue (sprich Christentum) gegen das Alte (sprich Judentum) ausgespielt.

Das ist einer der gefährlichsten Stolpersteine, der das Bild von unserem Schöpfer verdreht. Ein christliches Hirngespinst! Daraus leitet man unter anderem die Auffassung ab, dass Christen keinen Widerstand leisten sollen, und der Pazifismus wird glorifiziert. Doch das entbehrt jeder Grundlage.

EINE DER WICHTIGSTEN REGELN FÜR DIE BIBELAUSLEGUNG: KONTEXT, KONTEXT UND NOCH MAL KONTEXT!

Sowohl von meinen jüdischen als auch von meinen christlichen Lehrern habe ich eine der wichtigsten Regeln für die Bibelauslegung gelernt: Kontext, Kontext und noch mal Kontext! Der Kontext ist wichtig! Nicht nur der literarische, sondern auch der geschichtliche und der soziale Kontext. Wir brauchen den ursprünglichen Kontext, um die Aussage Jesu richtig zu verstehen.

Drei Bibelstellen aus der Tora helfen dabei:

Wenn Männer sich raufen und dabei eine schwangere Frau stoßen, sodass ihr die Leibesfrucht abgeht, aber kein weiterer Schaden entsteht, so muss dem Schuldigen eine Geldbuße auferlegt werden, je nachdem, wie viel ihm der Eheherr der Frau auferlegt, und er soll nach dem Ermessen von Schiedsrichtern geben. Falls aber ein weiterer Schaden entsteht, so sollst du geben Leben um Leben, Auge um Auge,

Zahn um Zahn, Hand um Hand, Fuß um Fuß, Brandmal um Brandmal, Wunde um Wunde, Strieme um Strieme.
Wenn jemand in das Auge seines Sklaven oder in das Auge seiner Sklavin schlägt und es zerstört, soll er ihn zur Entschädigung für sein Auge als Freien entlassen. Auch falls er den Zahn seines Sklaven oder den Zahn seiner Sklavin ausschlägt, soll er ihn zur Entschädigung für seinen Zahn als Freien entlassen.
2. Mose 21,22-27

Wenn jemand irgendeinen Menschen totschlägt, muss er getötet werden. Wer ein Stück Vieh totschlägt, soll es erstatten: Leben um Leben. Wenn jemand seinem Nächsten einen Schaden zufügt; wie er getan hat, so soll ihm getan werden: Bruch um Bruch, Auge um Auge, Zahn um Zahn; wie er einem Menschen einen Schaden zufügt, so soll ihm zugefügt werden. Wer ein Stück Vieh totschlägt, soll es erstatten; wer aber einen Menschen totschlägt, soll getötet werden. Ein Recht sollt ihr haben: Wie der Fremde, so soll der Einheimische sein; denn ich bin der HERR, euer Gott.
3. Mose 24,17-22

Wenn ein falscher Zeuge gegen jemanden auftritt, um ihn des Ungehorsams zu beschuldigen, dann sollen die beiden Männer, die den Rechtsstreit führen, vor den HERRN treten, vor die Priester und die Richter, die in jenen Tagen da sein werden. Und die Richter sollen die Sache genau untersuchen. Und siehe, ist der Zeuge ein Lügenzeuge, hat er gegen seinen Bruder Lüge bezeugt, dann sollt ihr ihm tun, wie er seinem Bruder zu tun gedachte. Und du sollst das Böse aus deiner Mitte wegschaffen. Und die Übrigen sollen es hören und sich fürchten und nicht mehr länger eine solch böse

Sache in deiner Mitte begehen. Und du sollst nicht schonen: Leben um Leben, Auge um Auge, Zahn um Zahn, Hand um Hand, Fuß um Fuß!

5. Mose 19,16-21

Wenn wir den Text unvoreingenommen lesen, wird uns klar, dass es hier nicht um Vergeltung geht, sondern um Schadensersatz. Aus dem dritten Abschnitt lernen wir, dass die meisten dieser Worte in erster Linie den Richtern galten. Ist das wichtig? Auf jeden Fall! Man muss hier berücksichtigen, dass um die Juden herum heidnische Völker lebten, die keine Weisung Gottes kannten. Sie reagierten mit Blutrache. Und die Juden hätten sich ohne Tora vermutlich genauso verhalten.

Eines der Grundprinzipien in der Tora war, Recht und Gerechtigkeit zu etablieren. Die Strafe für ein Verbrechen wird so präzise wie möglich benannt und die Entschädigung für das Opfer wird begrenzt. Die Größe dieses Gebotes liegt genau darin, dass man nicht mit »doppelter Münze« für den Schaden bezahlen musste.

Des Weiteren ist es wichtig, herauszustellen, dass die Bibel, aber auch die jüdische Geschichtsschreibung, keinen Fall kennt, wo man dieses Gebot im wörtlichen Sinne praktiziert hätte. Zur Zeit Jesu verstand man es folgendermaßen und führte es auf folgende Weise aus:

Wer seinen Mitmenschen körperlich verletzt, ist in Hinsicht auf fünf Dinge zur Zahlung verpflichtet: im Blick auf den Schaden, den Schmerz, die Heilung, den Arbeitsausfall und die Beschämung.[51]

Der Talmud behandelt sehr ausführlich und differenziert, was und wie viel zu zahlen ist. Wichtig ist dabei: Der Ersatz wurde in Form von Geld erstattet! Niemandem wurde das Auge ausgestochen oder

der Arm gebrochen, das hätte dem Geschädigten ja auch gar nichts genützt. Selbst die Todesstrafe wurde äußerst selten ausgeübt, wie ein Zitat aus dem Talmud bezeugt. Ein Synedrium, das in sieben Jahren einen hinrichten lässt, wird ein Verderben bringendes (leichtsinnig mit Menschenleben umgehendes) genannt. R. Eifazar ben Azarja (um 100) sagte: Einen in siebzig Jahren. R. Tarphon (um 110) und R. Aqiba (um 135) sagten: Wenn wir im Synedrium gewesen wären, so würde niemals ein Mensch hingerichtet worden sein.[52] Die Stelle zeigt, dass im Allgemeinen die Tendenz herrschte, ein Todesurteil möglichst selten zu fällen.

JESUS MACHT DAS PRINZIP DER WIEDERGUTMACHUNG NICHT UNGÜLTIG, SONDERN ER BESTÄTIGT ES

Doch was bedeuten mit diesem Hintergrundwissen die Worte Jesu: »Ich aber sage euch«?

Zunächst müssen wir verstehen, dass Jesus der Tora nicht widerspricht, er macht das Prinzip der Wiedergutmachung nicht ungültig, wenn es um Schadensersatz geht, sondern er bestätigt es. So sagt er im weiteren Verlauf:

> Denn wenn ihr den Menschen ihre Vergehungen vergebt, so wird euer himmlischer Vater auch euch vergeben; wenn ihr aber den Menschen nicht vergebt, so wird euer Vater eure Vergehungen auch nicht vergeben.
>
> *Matthäus 6,14-15*

Und trotzdem bleiben uns die Worte »Ich aber sage euch« ein Rätsel! Viele großartige Menschen haben versucht, diese Worte zu deuten, ohne ihren jüdischen Hintergrund zu verstehen.

Ein Beispiel ist die Begebenheit von Martin Luther und den Bauern – es ist die Geschichte eines tragischen Missverständnisses. Als die Bauern sich 1524 gegen die erdrückende Macht von Adel und Klerus erhoben, glaubten sie den Reformator auf ihrer Seite. Die Bauern kannten die Worte Luthers: »Ein Christenmensch ist ein freier Herr über alle Dinge und niemand untertan.« Dadurch fühlten sie sich ermutigt, für ihr Recht zu kämpfen. Doch sie hatten sich in dem Reformator gründlich getäuscht, denn Martin Luther predigte, dass man dem Bösen durch Gewalt nicht widerstehen dürfe und dass das Neue Testament lehrt, man müsse die Staatsgewalt akzeptieren und unterstützen. So viel Blut, Rache und Hass wurden dadurch freigesetzt!

Leo Tolstoi rang ebenfalls mit den Worten Jesu. Als Ergebnis proklamierte er, man müsse die Staatsgewalt ganz abschaffen, einschließlich Gericht, Polizei und Armee. Wenn die Verbrecher sähen, dass der Staat ihnen »die andere Wange hinhält«, dann würden sie von selbst umkehren und ihre Sünden bereuen.

Mahatma Gandhi, der indische Humanist, rief die Engländer zu einem gewaltfreien Widerstand gegen Hitler auf – dieser hätte wohl kaum den gewünschten Effekt gehabt. Hätte Gandhi diesen Aufruf in Deutschland zur Zeit des Nationalsozialismus gemacht, wäre er wenige Tage später verhaftet worden und wir hätten nie wieder etwas von ihm gehört.

Diese Beispiele lassen uns vermuten, dass das, was Jesus hier lehrt, nichts mit Pazifismus, politischer Anarchie oder moralischen Kompromissen zu tun hat. Pazifismus war nie ein Teil des jüdischen Glaubens. Die jüdische Tradition sagt stattdessen Folgendes: Wenn jemand kommt, um dich zu töten, komme ihm zuvor und töte ihn zuerst.[53]

Es ist ausdrücklich erlaubt, jemanden zu töten, um sich selbst und die eigene Familie zu verteidigen! Gott ist immer derselbe, es gibt nicht einen Rachegott im Alten Testament und einen Gott der Liebe im Neuen. Daher ist es unwahrscheinlich, dass Jesus der erste und einzige Jude gewesen sein soll, der Pazifismus lehrte.[54]

Wie bereits ausgeführt lautet das fünfte Gebot (2. Mose 20,13) in Wahrheit nicht: »Du sollst nicht töten«, sondern »Du sollst nicht morden.« Jesus lehrt nicht, das Böse unwidersprochen zu dulden. Aber was lehrt er dann?

Zunächst nimmt Jesus das Prinzip des Schadensersatzes aus dem Rechtsbereich und verwendet es als Beispiel für zwischenmenschliche Beziehungen. Er artikuliert ein sehr wichtiges Prinzip, wie man Konflikte unter Geschwistern, Freunden und Nachbarn regelt.

Wir dürfen nicht vergessen, dass Jesus nicht die Rechtsbasis der Tora erklären will – diese Aufgabe überlässt er anderen Lehrern:

> Auf Moses Lehrstuhl haben sich die Schriftgelehrten und die Pharisäer gesetzt. Alles nun, was sie euch sagen, tut und haltet.
> *Matthäus 23,2-3*

Der Schlag auf die Backe

Jesus geht es vor allem um die Beziehungen zwischen seinen Nachfolgern. Daher stellt sich die Frage, was er mit Schlag auf die Backe meint. Wenn ein Rechtshänder jemandem eine Ohrfeige gibt, trifft er normalerweise die linke Backe, nicht die rechte. Auch zur Zeit Jesu waren wohl die meisten Menschen in Israel Rechtshänder. Somit handelt es sich nicht um eine »normale« Ohrfeige. Ein Zitat aus der Mischna kann hier Licht ins Dunkel bringen:

> Wer seinem Nächsten einen Faustschlag versetzt, der muss ihm einen Sela (einen halben Sus) geben; nach Rabbi Joses, dem Galiläer, muss er ihm eine Mine (100 Sus) geben. Hat er ihm eine Ohrfeige gegeben, so muss er ihm 200 Sus bezahlen; tat er dies mit der Rückseite der Hand, so zahlt er ihm 400 Sus. … Dies ist die Regel: Es richtet sich alles nach

seiner (des Beschämten) Würde. Rabbi Akiba sagte: Selbst die Ärmsten in Israel betrachtet man so, als wären sie adlige Söhne, die von ihrem Vermögen herabgekommen, da sie doch Söhne von Abraham, Isaak und Jakob sind.[55]

Jesus meint die Ohrfeige mit dem Handrücken, bei der man mit der rechten Hand die rechte Wange trifft. Ein Mensch, der jemanden mit dem Handrücken schlägt, ist innerlich sehr aggressiv. Aber er will seine Aggression nicht zeigen – sonst würde er mit der Faust schlagen – weil er dadurch sein Gesicht verlieren würde. Er will nicht, dass die Leute denken, er könne seine Gefühle nicht zügeln. Deshalb drückt er seine Verachtung aus, indem er seinen Gegner mit dem Handrücken schlägt. So etwas macht man nicht im Affekt, sondern mit voller Berechnung. Entsprechend ist auch die Strafe dafür die doppelte Summe.

Jesus fragt also eigentlich: Wie soll ein Mensch reagieren, wenn er so beleidigt wird? Wie löst man Konfliktsituationen mit seinem Nächsten richtig? Wie werden Konflikte ausgetragen?

JESUS FRAGT: WIE LÖST MAN KONFLIKTSITUATIONEN MIT SEINEM NÄCHSTEN RICHTIG?

Leider hat diese Frage unter Gläubigen nichts an Aktualität eingebüßt. Wir beleidigen einander, wir behandeln unseren Nächsten oft ungerecht. Das ist eine Tatsache. Und Jesus sagt uns: Wir dürfen unserem Nächsten nicht den Krieg erklären. Die Aufforderung, die linke Backe hinzuhalten, ist nichts anderes als ein Bild für das Austragen des Konflikts, genauso wie das Schlagen auf die rechte Backe ein Bild für eine ungerechte Handlung ist. Die hingehaltene linke Wange zwingt den Peiniger, seine Aggression zu überdenken.

Unsere christliche Moral erlaubt uns in der heutigen Zeit nicht, zurückzuschlagen, zu schimpfen oder Ähnliches. Doch was tun wir stattdessen? Wir haben zwei Optionen:

1. Wenn wir uns von unseren Gefühlen leiten lassen, dann können wir sehr böse werden. In diesem Fall denken wir kaum »Zahn um Zahn«, sondern würden dem Gegner gern den Kopf abreißen: Kopf um Zahn.
2. Wenn wir uns dagegen vom Geist leiten lassen und unsere Gefühle kontrollieren, können wir dem Gegner als Antwort das konstruktive Gespräch anbieten. Das entspricht dem Hinhalten der anderen Backe. Dadurch wird der Gegner seiner Aggression entwaffnet. Und nachdem im Gespräch die Emotionen ausgesprochen wurden, kann man versuchen, die Einheit wiederherzustellen.

Ich bin der Schweizer Theologin Susanne Schmid-Grether sehr dankbar für das gute Beispiel, das sie in diesem Zusammenhang bringt:

> Wenn dich jemand mit einem Tritt ans Schienbein beleidigt (Ohrfeige auf die rechte Wange), dann bringe die Sache auf den Tisch, damit der andere Stellung beziehen muss und so sein Zorn ans Licht kommt (biete ihm die linke Wange). Das ist die Lösung des Konflikts innerhalb der Gemeinschaft, um nicht vor Gericht zu ziehen.[56]

Die bessere Gerechtigkeit zu leben, heißt in diesem Sinne, Konflikte auszutragen, Missverständnisse zu klären und keine »Kalten Kriege« zu führen.

Zu diesem Thema gibt es einige Bibelverse, die ich in der Neues-Leben-Übersetzung vorstellen möchte, die eine moderne Sprache verwendet.

> Lass dich nicht zu Zorn und Wut hinreißen! Ärgere dich nicht, damit du nichts Unrechtes tust!
> *Psalm 37,8*

> Eine freundliche Antwort besänftigt den Zorn, kränkende Worte erregen ihn.
> *Sprüche 15,1*

> Wenn die Wege eines Menschen dem HERRN gefallen, lässt er sogar seine Feinde in Frieden mit ihm leben.
> *Sprüche 16,7*

> Vergeltet Böses nicht mit Bösem. Werdet nicht zornig, wenn die Leute unfreundlich über euch reden, sondern wünscht ihnen Gutes und segnet sie. Denn genau das verlangt Gott von euch, und er wird euch dafür segnen!
> *1. Petrus 3,9*

> Seht zu, dass niemand Böses mit Bösem vergilt, sondern versucht immer, einander und auch allen anderen Gutes zu tun!
> *1. Thessalonicher 5,15*

Alles, was wir hier lernen, ist nichts anderes als eine neutestamentliche *Halacha*. Die *Halacha* nach dem Rabbi Jesus zeigt den Weg zum Leben.

Gib dem, der dich bittet

> Und dem, der mit dir vor Gericht gehen und dein Untergewand nehmen will, dem lass auch den Mantel!
> *Matthäus 5,40*

Im alten Israel musste der Schuldige ein Pfand hinterlegen. Die armen Leute hinterlegten am Tag ihren Mantel und in der Nacht ihr Hemd. Es gab aber Menschen, die sich weigerten, das Pfand abzugeben. Jesus sagt: Man muss seinen Gegner nicht unnötig provozieren und sollte diese Regel akzeptieren.

Eigentlich geht es hier um die Einstellung zu materiellem Besitz. An dieser Stelle erweckt die Aufforderung Jesu, auf das eigene Recht zu verzichten, den Eindruck: Er verlangt wirklich zu viel, es geht über die Grenze der menschlichen Geduld. Aber auch die jüdische Tradition kennt eine solche Art von Gerechtigkeit:

> Eine vierfache Gesinnung (bei der Frage nach mein und dein) gibt es unter den Menschen: Wer sagt: »Das Meine ist mein und das Deine ist dein«, das ist die Art der Mittelmäßigen, andere sagen: Das ist die Art Sodoms. »Das Meine ist dein und das Deine ist mein«, das ist die Art des *Am ha-Arez* (des Gesetzesunkundigen). »Das Meine ist dein und das Deine ist dein«, das ist der Fromme. »Das Deine ist mein und das Meine ist mein«, das ist der Frevler.[57]

Dem anderen das seine zu gönnen und gleichzeitig freigiebig mit dem eigenen zu sein, das ist die Einstellung eines Jüngers.

Der nächste Vers behandelt die Praxis der Besatzungsmacht.

> Und wenn jemand dich zwingen wird, eine Meile zu gehen, mit dem geh zwei!
>
> *Matthäus 5,41*

Nötigen konnte nur der, der Macht hatte. Die römischen Soldaten hatten für sich das Recht beansprucht, andere Menschen zu nötigen, mit ihnen zu gehen, um ohne Gegenleistung etwas Schweres zu tragen. In anderen Übersetzungen steht: »Frondienst auferlegen«. Manchmal wurden die Menschen von der Arbeit weggeholt und genötigt, den Römern zu dienen, wie Simon von Kyrene, der von den Römern gezwungen wurde, das Kreuz für Jesus zu tragen (Matthäus 27,32). Gerhard Maier nennt dies »das Zeugnis duldender Liebe«.

Jesus möchte uns mit diesen Worten sagen: Nicht die Frustration über die Diskriminierung, sondern die bessere Gerechtigkeit soll uns motivieren, über das Minimum hinaus eine zweite Meile zu gehen.

> Gib dem, der dich bittet, und weise den nicht ab, der von dir borgen will!
> *Matthäus 5,42*

Wenn man dieses Zitat ohne Kenntnis des jüdischen Hintergrunds liest, kann man zu falschen Ergebnissen kommen. Oft leidet unser Gewissen darunter, dass wir eine Bitte abgeschlagen haben. Will Jesus uns verpflichten, von unserem materiellen Gut jedermann zu geben, der uns um etwas bittet? Die Bitte könnte ja unberechtigt oder sogar unerfüllbar sein, dem anderen vielleicht sogar schaden. Müssen wir als Nachfolger Jesu wirklich ein gewisses Maß an Versagen empfinden, wenn wir nicht jede Bitte erfüllen können?

Ganz sicher nicht, denn Jesus legt hier eine Bibelstelle aus 5. Mose 15 aus:

> Wenn es einen Armen bei dir geben wird, irgendeinen deiner Brüder in einem deiner Tore in deinem Land, das der HERR, dein Gott, dir gibt, dann sollst du dein Herz nicht verhärten und deine Hand vor deinem Bruder, dem Armen, nicht verschließen. Sondern du sollst ihm deine Hand weit

öffnen und ihm willig ausleihen, was für den Mangel ausreicht, den er hat. …
Willig sollst du ihm geben, und dein Herz soll nicht böse sein, wenn du ihm gibst. Denn wegen dieser Sache wird der HERR, dein Gott, dich segnen in all deinem Tun und in allem Geschäft deiner Hand. Denn der Arme wird nicht aus dem Land verschwinden. Darum befehle ich dir: Deinem Bruder, deinem Elenden und deinem Armen in deinem Land sollst du deine Hand weit öffnen.
5. Mose 15,7-8.10-11

In dieser Bibelstelle geht es um Hilfe in der Not. Und auch hier bleibt Jesus wieder im Rahmen jüdischer Tradition. So heißt es im Talmud:

Es heißt ja aber: »Du sollst nicht rachsüchtig und nachtragend sein« (3. Mose 19,18). Dies gilt von Geldangelegenheiten. Es wird nämlich gelehrt: Was heißt »rachsüchtig« und was heißt »nachtragend«? Wenn jemand einen bittet, ihm eine Sichel zu borgen, und dieser es ablehnt, worauf dieser am folgenden Tag jenen bittet, ihm seine Axt zu borgen, und jener erwidert: Ich borge dir nicht, wie auch du mir nicht geborgt hast. Dies heißt »rachsüchtig«.
Was heißt »nachtragend«? Wenn jemand einen bittet, ihm seine Axt zu borgen, und dieser es ablehnt, worauf dieser am folgenden Tag jenen bittet, ihm sein Gewand zu borgen, und jener erwidert: Da hast du; ich bin nicht wie du, der du mir nicht geborgt hast. Das heißt »nachtragend«.[58]

Die Bibelstelle, die hier ausgelegt wird, findet sich in 3. Mose 19,18. Aber es ist nur die erste Hälfte des Verses. Es ist hochinteressant, was im zweiten Teil steht:

> Du sollst dich nicht rächen und den Kindern deines Volkes nichts nachtragen und sollst deinen Nächsten lieben wie dich selbst. Ich bin der HERR.
>
> *3. Mose 19,18*

Mit diesem Gebot aus der Tora sind wir bei der sechsten und letzten These des Messias Jesus.

Von der Feindesliebe

> Ihr habt gehört, dass gesagt ist: Du sollst deinen Nächsten lieben und deinen Feind hassen. Ich aber sage euch: Liebt eure Feinde und betet für die, die euch verfolgen, damit ihr Söhne eures Vaters seid, der in den Himmeln ist. Denn er lässt seine Sonne aufgehen über Böse und Gute und lässt regnen über Gerechte und Ungerechte. Denn wenn ihr liebt, die euch lieben, welchen Lohn habt ihr? Tun nicht auch die Zöllner dasselbe? Und wenn ihr allein eure Brüder grüßt, was tut ihr Besonderes? Tun nicht auch die von den Nationen dasselbe?
>
> *Matthäus 5,43-47*

Feindesliebe ist vielleicht mit das schwierigste Gebot, das Jesus uns auferlegt hat. Können wir das als Menschen überhaupt? Wollen wir so an allen Menschen handeln? Hat Jesus wirklich eine unverbindlich bleibende allgemeine Menschenliebe eingeführt?

Ich möchte Ihnen gerne zwei Aspekte dieser gehobenen Ethik des Messias zeigen.

1. **Für »Feinde« beten**

Wenn wir davon ausgehen, dass Jesus nicht die allgemeine Menschenliebe meint, dann sehen wir einen ganz praktischen Gesichtspunkt in seiner Lehre, und zwar für die Menschen zu beten, die uns in irgendeiner Weise stören. Zu der Zeit, als Matthäus sein Evangelium schrieb, erlebte seine Gemeinde eine doppelte Verfolgung: von römischer und von jüdischer Seite. Wie sollte die Gemeinde auf die Verfolgung reagieren? Es ist in der Bibelforschung bekannt, dass die Qumran-Gemeinschaft[59] einen gewissen Einfluss auf die Jesusbewegung hatte. Die Essener glaubten, Gott habe das ewige Schicksal der Menschheit vorbestimmt (ohne es zu ahnen, waren sie sozusagen Urcalvinisten). Die Qumranleute nannten sich die Söhne des Lichts und alle anderen Menschen Söhne der Finsternis. Diese geistliche Trennung galt nach ihrem Verständnis für immer und ewig. Daraus folgte: Sie warteten leidenschaftlich auf den Tag der Rache:

Ewiger Hass im Geist der Heimlichkeit für die Männer der Verdammnis! … Ich werde dem Menschen nicht den Lohn des Bösen bezahlen; ich werde ihn mit Gutem verfolgen. Denn die Rache für alle Lebenden ist bei Gott und er wird es sein, der dem Menschen seinen Lohn gibt … aber mein Zorn wird nicht von den Menschen der Falschheit abgewendet und ich werde nicht glücklich sein, bis ein Urteil gesprochen wird.[60]

Was erwartet Jesus von seinen Nachfolgern, wenn sie Verfolgung erleben? Dass sie nicht mit Hass reagieren, sondern ihre Gefühle in ein Gebet umwandeln. So kann man Liebe konkretisieren. Das jüdische Denken versteht unter Liebe ein konkretes Handeln und nicht ein Gefühl. So sagt Jesus: »Wer meine Gebote hat und sie hält, der ist es, der mich liebt« (Johannes 14,21).

Was könnte der Inhalt des Gebets für die Feinde sein? Dass der Feind aufhört, ein Feind zu sein! Nur der allmächtige Gott kann das bewirken! Das Gebet ist eine mächtige Waffe und dadurch wird das Feindschaftsverhältnis von einer Seite aus generell instabil gemacht.

DAS JÜDISCHE DENKEN VERSTEHT UNTER LIEBE EIN KONKRETES HANDELN UND NICHT EIN GEFÜHL.

Die jüdische Tradition sagt dazu: Bete für deinen Feind, dass er Gott diene.[61] Wer ist ein Großer? Derjenige, der jemanden, der ihn hasst, zu jemandem macht, der ihn liebt.[62] Die bedrückt werden und nicht bedrücken, die ihre Schmähung hören und sie nicht erwidern, die aus Liebe handeln und sich in Leiden freuen – über die sagt die Schrift (Richter 5,31): »Und die ihn lieben sind wie der Aufgang der Sonne in ihrer Kraft.«[63]

2. **Die »Feinde« lieben**

Jesus sagt: »Ihr habt gehört, dass gesagt ist: Du sollst deinen Nächsten lieben und deinen Feind hassen.« Vergeblich werden wir in der Tora das Gebot suchen, die Feinde zu hassen. Dieses Gebot gibt es nicht. Daraus ersehen wir, dass die Aussage »Du sollst deinen Nächsten lieben« von einigen Rabbinern interpretiert wurde als: »Du sollst nur deinen Nächsten lieben«.

VERGEBLICH WERDEN WIR IN DER TORA DAS GEBOT SUCHEN, DIE FEINDE ZU HASSEN.

Wir wissen, dass die Bergpredigt eine Weisung für die Jünger ist. Sie würden später Gemeinden gründen und die Menschen lehren, was Jesus sie gelehrt hatte. Bemerkenswert ist, dass Jesus unseren Blick vor allem auf uns selbst richtet (denken wir an den »Balken im Auge«). Wir sind nicht imstande, andere Menschen zu ändern. Deshalb lehrt uns Jesus, immer bei uns selbst anzufangen.

Wenn nun keine Feinde von außen gemeint waren, um welche Art Feindschaft ging es dann?

Feindschaft unter den Menschen

Die Gemeinde von Matthäus lebte in einem Umfeld, in dem die Pharisäer die Gerechtigkeit definierten. Einerseits lobte Jesus diese (zum Beispiel in Matthäus 23,2-3), andererseits tadelte er manche Pharisäer für ihre Heuchelei. Das taten die Pharisäer selbst auch, genauso wie bei Jesus war das eine innerjüdische Kritik.

Die Pharisäer nannten sich *Chawerim*, Genossen. Sie strebten nach einer größeren Gerechtigkeit und dabei verachteten sie manchmal diejenigen, die nicht so fromm waren wie sie. Wenn für die »normalsterblichen« Juden Gottesdienst, Gebet und gute Taten ein Maximum ihres Glaubenslebens waren, fügten die Pharisäer noch eine Menge Gebote über die rituelle Reinheit, den Zehnten und vieles mehr hinzu. Zum Beispiel vermieden sie es, auf dem Markt Obst zu kaufen, da nicht gesichert war, dass es verzehntet worden war.

Das Problem lag darin, dass die Frommen anfingen, die weniger Frommen zu verachten und manchmal auch richtiggehend zu hassen. Sie belegten die anderen mit einem beleidigenden Namen: *Am ha-Arez* (das einfache Volk)[64] (vgl. Johannes 7,49). Das einfache Volk pflegte gegenüber solchen Menschen ebenfalls Hassgefühle. Und der gegenseitige Hass war eine Art Epidemie zur Zeit des Zweiten Tempels.

Diese Feindschaft zwischen verschiedenen religiösen Volksgruppen erreichte im ersten Jahrhundert n. Chr. bis zur Zerstörung des Zweiten Tempels ihren Höhepunkt, sodass ein eigenes Wort dafür gebraucht wurde: *Sinat Chinam* (gegenseitiger Hass).

Daher steht im Talmud:

> Warum wurde der Zweite Tempel zerstört? Er wurde zerstört, weil während dieser Zeit grundloser Hass (*Sinat Chinam*) herrschte. Dies wird dir beibringen, dass die Sünde des mutwilligen Hasses den drei schweren Übertretungen gleichkommt: Götzenanbetung, Ehebruch und Blutvergießen.[65]

Der Hass, den Jesus in der Bergpredigt anspricht, ist ein Hass dieser Art, nämlich theologisch begründeter Hass. Ist das ein rein jüdisches Problem?

Im Jahre 1095 rief Papst Urban II. die westliche Welt zu einem Kreuzzug auf: das Grab des Herrn aus den Händen der Ungläubigen zu befreien. Die Horden der Kreuzritter versammelten sich unter dem Banner und zogen los. Als sie durch das Rheintal kamen, dachten sie: »Warum sollen wir um die halbe Welt ziehen, wenn die Mörder Christi hier unter uns wohnen?« In Speyer, Worms, Mainz, Köln und anderen Städten wurden die jüdischen Gemeinden vollständig zerstört. Jüdische Männer und Frauen wurden auf bestialische Weise umgebracht.

Jeglicher Antijudaismus und Antisemitismus ist eine Frucht genau dieser Einstellung: Es gibt Juden, die glauben nicht in derselben Weise wie wir Christen, also sind sie Feinde.

JESUS BEHANDELT HIER DIE FRAGE: WIE STEHE ICH ZU DEN MENSCHEN, DIE ANDERS DENKEN ALS ICH?

Sind die modernen Christen anders gestrickt? Als zivilisierte Menschen werden wir vermutlich keine Andersgläubigen töten. Aber ist es nicht ein grundlegendes menschliches Problem, dass wir Personen, die anders denken und leben als wir, mit seltsamen Blicken mustern und oft bekämpfen? Eine solche Intoleranz ist der direkte Weg zum Hass.

Die Feinde, über die Jesus spricht, sind nicht nur persönliche Feinde, sondern auch diejenigen, die ein anderes Glaubensleben führen. Und die Frage, die Jesus hier behandelt, ist: Wie stehe ich zu den Menschen, die anders denken als ich? Wenn ich höre, wie abwertend manche Christen über andere Denominationen sprechen, wird mir unwohl. Katholiken, Charismatiker, Landeskirchler …

Es geht beim Gebot Jesu nicht um Feinde, die uns angreifen oder – Gott bewahre – unsere Existenz und unsere Familien bedrohen. Es wäre Unsinn, die Menschen zu lieben, die Sie umbringen wollen!

Reaktion auf Ablehnung

Umgekehrt sind wir gerufen, nicht mit Hass zu reagieren, wenn Menschen uns für unseren Glauben verachten. Wir sind dazu berufen, den Charakter Gottes besonders in solchen schwierigen Situationen widerzuspiegeln:

> Aber die törichten und ungereimten Streitfragen weise ab, da du weißt, dass sie Streitigkeiten erzeugen! Ein Knecht des Herrn aber soll nicht streiten, sondern gegen alle milde sein, lehrfähig, duldsam, und die Widersacher in Sanftmut zurechtweisen und hoffen, ob ihnen Gott nicht etwa Buße gebe zur Erkenntnis der Wahrheit.
>
> *2. Timotheus 2,23-25*

Das gleiche Argument bringt Jesus in der Bergpredigt: Gott ist souverän, und wenn er den bösen Menschen seine Gnade erweist, dann sind wir auch dazu berufen:

> Denn er lässt seine Sonne aufgehen über Böse und Gute und lässt regnen über Gerechte und Ungerechte.
>
> *Matthäus 5,45*

Auch dieser Gedanke stammt aus der Hebräischen Bibel:

> Gnädig und barmherzig ist der HERR, langsam zum Zorn und groß an Gnade. Der HERR ist gut gegen alle, sein Erbarmen ist über alle seine Werke.
>
> *Psalm 145,8-9*

Der Schöpfer ist gütig gegen alle seine Geschöpfe. Das ist das Bild, das Jesus mit Sonnenschein und Regen illustriert, die allen, den Bösen wie den Guten, gespendet werden.

Chäsäd (Barmherzigkeit) ist eine der größten Tugenden im Judentum. Diese gilt nicht nur gegenüber den Menschen, sondern sogar gegenüber den Tieren. So beschreibt ein Midrasch einen Vorfall aus dem Leben eines berühmten Rabbis.

> Unser Lehrer (Rabbi) saß einmal mit der Tora beschäftigt vor der Synagoge der Babylonier in Sepphoris. Es ging ein Kalb vor ihm vorüber, das zur Schlachtung abgeführt wurde. Es fing an zu schreien, als wollte es sagen: »Rette mich!« Er aber sprach: »Was kann ich für dich tun? Dazu bist du geschaffen.« Infolgedessen litt der Rabbi 13 Jahre lang an seinen Zähnen.[66]

Jesus führt seinen Kommentar weiter aus:

> Denn wenn ihr liebt, die euch lieben, welchen Lohn habt ihr? Tun nicht auch die Zöllner dasselbe? Und wenn ihr allein eure

> Brüder grüßt, was tut ihr Besonderes? Tun nicht auch die von den Nationen dasselbe?
> *Matthäus 5,46-47*

Die jüdische Überlieferung besagt: Der Gruß *Schalom alecha* (Plural: *Schalom aleichem*; eigentlich: Erkundigung nach dem Wohlbefinden des anderen) gilt als Ehrenbezeugung; seine Unterlassung bedeutet Geringschätzung und Verachtung; wer aber vollends einen ihm entbotenen Gruß unerwidert lässt, der steht mit den Räubern und Zöllnern auf gleicher Stufe.

Warum werden hier die Räuber und Zöllner zusammen erwähnt? Der Talmud sagt, dass die Zöllner vor allem Diener der Römer waren. Unwillkürlich praktizierten die Zöllner das gleiche Wertesystem wie die Heiden, das heißt, sie taten nichts für das Gemeinschaftswohl, sondern kümmerten sich nur um sich selbst. Über diese Eigenschaft der Heiden sagt der Talmud:

> Als Rabbi Jehuda und Rabbi Josei und Rabbi Simon zusammensaßen und Jehuda ben Gerim (das heißt: Jehuda war Sohn eines Proselyten) sagte: »Wie schön sind die Handlungen der Römer, als sie restaurierten die Marktplätze, sie bauten die Brücken und errichteten Badehäuser.« Rabbi Josei war still. Rabbi Simon ben Johai antwortete und sagte: »Alles, was sie gebaut haben, haben sie nur für ihre eigenen Zwecke gebaut. Sie errichteten Marktplätze, um Prostituierte auf ihnen zu platzieren; Badehäuser, um sich zu verwöhnen; und Brücken, um Steuern von allen zu erheben, die über sie hinweggehen.«[67]

Das Zitat zeigt, welche Motive die Heiden hatten (in diesem Fall die Römer), um etwas augenscheinlich Gutes zu bewirken. Diese Geschichte aus dem Talmud endet folgendermaßen: Jehuda ben Gerim, der kein gebürtiger Jude ist, geht zu den Römern und berichtet ihnen alles, was die anderen über die Besatzungsmacht gesprochen haben. Anscheinend spielt seine heidnische Herkunft dabei eine Rolle, weshalb viele jüdische Weise gegen Proselytismus waren.

LEBEN, WOZU WIR GESCHAFFEN SIND

Vollkommen sein

Der Talmud sagt über die Einstellung zu Andersdenkenden und die Versöhnung:

> Wenn der Mensch einem vergibt, der ihm Schmerz zugefügt hat, werden diesem Menschen alle seine Sünden vergeben.[68]

Jesus folgt diesem Gedanken und schließt seine Ausführung mit dem Satz:

> Ihr nun sollt vollkommen sein, wie euer himmlischer Vater vollkommen ist.
> *Matthäus 5,48*

Auch das ist eine Anspielung auf die Tora:

> Denn ich bin der HERR, euer Gott. So heiligt euch und seid heilig, denn ich bin heilig!
> *3. Mose 11,44*

In der jüdischen Tradition ist das der Aufruf, eine bessere Gerechtigkeit zu leben als die peinlich genaue Gebotserfüllung. Wohin also soll zuerst unser Blick gerichtet sein, wenn wir unsere Gerechtigkeit ausüben?

Die Antwort steht in den Psalmen:

> Ich hebe meine Augen auf zu den Bergen. Woher wird meine Hilfe kommen?
>
> *Psalm 121,1*

So ist die bessere Gerechtigkeit nach dem Rabbi Jesus. Jeder an Menschen orientierte Maßstab passt dafür nicht. Das Niveau ist sehr hoch. Aber wenn wir einen anderen Maßstab suchen, dann trifft uns das gleiche Urteil wie den reichen Jüngling (Matthäus 19,16-26), bei dem es ebenfalls darum ging, vollkommen zu sein (Vers 21):

> Jesus aber sprach zu seinen Jüngern: Wahrlich, ich sage euch: Schwer wird ein Reicher in das Reich der Himmel hineinkommen.
>
> *Matthäus 19,23*

Die Jünger, die nur von menschlichen Anstrengungen ausgingen, gerieten in Panik:

> Als aber die Jünger es hörten, gerieten sie ganz außer sich und sagten: Wer kann dann gerettet werden? Jesus aber sah sie an und sprach zu ihnen: Bei Menschen ist dies unmöglich, bei Gott aber sind alle Dinge möglich.
>
> *Matthäus 19,25-26*

Die Antwort Jesu zeigt, dass der Mensch mit Gottes Hilfe alle möglichen Hindernisse auf seinem Weg in das Reich Gottes überwinden kann. Von uns wird nur erwartet, dass wir die ersten Schritte tun und unseren Part erfüllen. Dazu passt sehr gut eine Parallele aus der jüdischen Überlieferung:

> Rabbi Jisa sagte: Gott spricht zu den Israeliten: »Meine Kinder! Machet mir nur ein Pförtchen zur Rückkehr wie ein Nadelöhr auf, so öffne ich euch Pforten, die so weit sind, dass Wagen und Karossen hineinfahren können.«[69]

Ich gehe davon aus, dass Jesus diese Überlieferung sehr gut kannte, weil er für die gleiche Schlussfolgerung den gleichen Ausdruck verwendet: Nadelöhr!

Wenn Jesus von Vollkommenheit spricht, geht es also um die Heiligkeit für das Volk Gottes. Doch was genau meint Jesus, wenn er sagt: »Ihr nun sollt vollkommen sein, wie euer himmlischer Vater vollkommen ist«?

Beziehung

In der griechischen Version des Textes findet sich ein Wort, das einen anderen Blickwinkel eröffnet *téleios*.

Das Wort *téleios*, das hier für »vollkommen« gebraucht wird, hat eine spezifische Bedeutung. Es hat weniger mit etwas Abstraktem, Philosophischem oder Metaphysischem zu tun, sondern bedeutet zunächst »Opfer ohne Makel«. Die zweite Bedeutung ist »ein Erwachsener, der seine volle Größe erreicht hat«, im Gegensatz zu einem Teenager. Ein Student, der in seinem Fach ein reifes Wissen erworben hat, ist ebenfalls ein *téleios*, im Gegensatz zu einem Anfänger, der das Fach noch nicht so gut versteht. Mit anderen Worten, die Vorstellung der Griechen über Vollkommenheit ist ausschließlich mit der funktionalen Seite verbunden. Sie hielten jedes Objekt für perfekt, das die Funktion, für die es entworfen und hergestellt wurde, vollständig erfüllte. Im Wesentlichen ist es diese Bedeutung, die mit dem Ursprung des Wortes verbunden ist.

Das Adjektiv *téleios* wird aus dem Substantiv *télos* gebildet, was »das Ende« oder »der Zweck« bedeutet. Ein Ding wird als *téleios* beschrieben, wenn es den Zweck erfüllt, für den es bestimmt war. Allerdings kann man das Wort *télos* je nach Kontext auch mit »Ende« übersetzen.

Als Beispiel für eine falsche Übersetzung ist beispielsweise das folgende Zitat von Paulus:

> Denn Christus ist des Gesetzes Ende (*télos*), zur Gerechtigkeit für jeden, der glaubt.
>
> *Römer 10,4; LUT*

An dieser Stelle wurde das Wort »Ende« als Übersetzung für Telos gewählt, obwohl es passender wäre, *télos* mit »Ziel« zu übersetzen. Die Elberfelder Übersetzung wählt daher »Endziel«. Ein Beispiel für diesen Gebrauch des Wortes finden wir wieder bei Paulus:

> Das Ziel (*télos*) der Unterweisung aber ist Liebe aus reinem Herzen und aus gutem Gewissen und aus ungeheucheltem Glauben.
>
> *1. Timotheus 1,5; LUT*

Es wäre sinnlos, das Wort *télos* hier mit Ende zu übersetzen.

Der Mensch ist vollkommen (*téleios*), wenn er den Zweck verwirklicht oder erfüllt, für den er geschaffen und in die Welt geschickt wurde. Aus diesem griechischen Verständnis heraus kommen wir wieder zum Hebräischen. Was ist das Ziel Gottes mit dem Menschen? Wir lesen in der Offenbarung:

DAS ZIEL DES HEILSPROGRAMMS GOTTES IST ES, MIT UND IN DEN MENSCHEN ZU LEBEN!

> Und ich hörte eine laute Stimme vom Thron her sagen: Siehe, das Zelt Gottes bei den Menschen! Und er wird bei ihnen wohnen, und sie werden sein Volk sein, und Gott selbst wird bei ihnen sein, ihr Gott.
>
> *Offenbarung 21,3*

Daraus kann man schließen: Das Ziel des Heilsprogramms Gottes ist es, mit den Menschen beziehungsweise in den Menschen zu leben! Dieses Ziel wurde schon am Anfang der Heiligen Schrift genau so definiert. Als Gott seinem Volk gebot, die Stiftshütte zu bauen, sagte er:

> Und sie sollen mir ein Heiligtum machen, damit ich in ihrer Mitte wohne.
>
> *2. Mose 25,8*

we'asu li mikdasch weschachanti betocham.

Das hebräische Wort *schachanti* übersetzt man mit »wohnen«. Die Wortwurzel ist *schachan*. Der Begriff *Schechina* ist ein Substantiv davon. *Schechina* ist die sichtbare Manifestation Gottes in dieser Welt. Und die Stiftshütte, der Wohnort Gottes, heißt auf Hebräisch *mischkan*, dieses Wort hat die gleiche Wurzel.

Es ist die wunderbare Idee Gottes von Anfang an, dass er unter seinem Volk wohnen will. Als Salomo Gottes Tempel baute, fragte er zweifelnd: »Ja, sollte Gott wirklich bei dem Menschen auf der Erde wohnen?« (2. Chronik 6,18). Selbstverständlich »wohnte« Gott im Tempel und er manifestierte sich durch den Tempel in dieser Welt. Und den Höhepunkt dieser Manifestation beschreibt Johannes in dem obigen Vers aus der Offenbarung.

Wie verwirklicht sich diese wunderbare Idee Gottes in unserer modernen Zeit, wenn wir in Jerusalem keinen Tempel mehr haben?

Die folgenden rabbinischen Kommentare zu 2. Mose 25,8-9 öffnen uns den Blick dafür:

> Du sollst aus dir selbst ein Heiligtum machen, sodass Ich in Dir wohnen kann … du sollst aus dir selbst alles machen, das Ich dir zeigen werde.
>
> *Rav Chaim Volozhiner*

> Jeder Mensch möge sich jederzeit so betrachten, als ob der Heilige, gelobt sei Er, in ihm wohnt.[70]

Diese rabbinischen Auslegungen erinnern an die Worte von Paulus, der auch in dieser Tradition aufgewachsen war:

> Wisst ihr nicht, dass ihr Gottes Tempel seid und der Geist Gottes in euch wohnt?
>
> *1. Korinther 3,16*

Nach dem Plan Gottes sollte der erste Mensch, Adam, der Mensch sein, in dem Gott wohnen kann. Sozusagen: Gottmensch. Aber Adam bewältigte diese Herausforderung nicht. Doch das, was der erste Adam nicht geschafft hatte, schaffte der letzte Adam. So schreibt Paulus:

> Der erste Mensch, Adam, wurde zu einer lebendigen Seele, der letzte Adam zu einem lebendig machenden Geist.
>
> *1. Korinther 15,45*

Der schmale Weg nach den Worten Jesu besteht darin, dass Gott in uns wohnen kann, damit die Welt erkennt, wer unser Gott ist.

Wir werden immer wieder von diesem schmalen Weg abkommen. Aber wie Jesus es uns verheißt: Mit Gottes Hilfe können wir alles schaffen!

Teil 3

DAS VATERUNSER

VOM BETEN

Wie man beten soll

Im Lukasevangelium stellt Jesus seinen Jüngern das Vaterunser vor, nachdem diese ihn gebeten haben: »Herr, lehre uns beten« (Lukas 11,1). Das wirkt für unsere heutigen Ohren seltsam. Juden, die beschnitten sind, die eine Bar-Mizwa erlebt und ihr ganzes Leben in Israel gelebt haben, wissen nicht, wie man beten soll? Der Grund für diese scheinbar dumme Bitte ist folgender: Außer den traditionellen Gebeten in der Synagoge gab jeder Rabbi seinen Schülern besondere Hinweise, wie man beten soll. Auch in der Bibel finden sich solche Hinweise.

1. Vermeidet Heuchelei!

> Und wenn ihr betet, sollt ihr nicht sein wie die Heuchler, denn sie lieben es, in den Synagogen und an den Ecken der Straßen stehend zu beten, damit sie von den Menschen gesehen werden. Wahrlich, ich sage euch, sie haben ihren Lohn weg.
> *Matthäus 6,5*

Die Anbetung war bei den Juden immer etwas sehr Ernstes. *Schacharit*, *Mincha*, *Maariv*, diese drei Gebetszeiten im Tempel waren vor allem die Zeiten für die Opferdarbringung. Das Opfer war immer ein blutiges Opfer und mit Sündenvergebung verknüpft. Das *Sch'ma*-Gebet musste täglich zwei- bis dreimal gebetet werden. Zur vorgeschriebenen Zeit mussten Juden, egal, wo sie sich befanden, ihre Beschäftigung unterbrechen und sich auf das Gebet konzentrieren.

Selbstverständlich bestand dabei die Gefahr, dass das Gebet rein aus einem Gefühl der Verpflichtung heraus gesprochen wurde. Wie schnell das passieren kann, zeigt folgende Geschichte, deren Autor unbekannt ist:

> Es lebte in der Wüste ein alter Eremit ganz zurückgezogen. Er verdiente sein Brot mit Körbeflechten und betete den ganzen Tag. Eines Tages war er mit seinem Esel unterwegs in die Stadt, um die Körbe zu verkaufen.
> Auf dem Weg begegnete er einem Mann, der ihn fragte: »Wie lange lebst du schon in der Wüste?«
> Der Eremit antwortete: »Seit sechzig Jahren.«
> Der Mann fragte weiter: »Und was hast du in dieser Zeit gelernt?«
> »Ich habe gelernt, das Vaterunser zu beten, ohne dabei mit den Gedanken abzuschweifen.«
> »Das ist aber nicht sehr viel«, meinte der Mann.
> Darauf schlug der Eremit vor: »Wenn du das Vaterunser beten kannst, ohne dabei abzuschweifen, schenke ich dir meinen Esel!«
> Der Mann war sofort einverstanden und fing gleich an zu beten: »Vater unser im Himmel, geheiligt werde dein Name – krieg ich die Körbe auch noch dazu?«

Jesus warnt davor, zu beten, ohne mit dem Herzen dabei zu sein, oder das Gebet zur Schau zu stellen. Das Gebet muss aufrichtig sein und Hingabe ist eine sehr wichtige Voraussetzung für das Gebet!

2. Betet nicht wie die Heiden!

> Wenn ihr aber betet, sollt ihr nicht plappern wie die von den Nationen; denn sie meinen, dass sie um ihres vielen Redens willen erhört werden.
>
> *Matthäus 6,7*

Bei dieser Aussage stellt sich die Frage, woher die Jünger wissen konnten, wie Heiden beten. In der Hebräischen Bibel gibt es einige Andeutungen dazu.

> So nahmen sie den Stier, den man ihnen überlassen hatte, und richteten ihn zu. Darauf riefen sie vom Morgen bis zum Mittag den Namen des Baal an: Baal, antworte uns! Aber da war kein Laut, keine Antwort. Und sie hüpften um den Altar, den man gemacht hatte.
>
> *1. Könige 18,26*

> Als sie aber erkannten, dass er ein Jude war, erhob sich eine Stimme aus aller Mund, und sie schrien etwa zwei Stunden lang: Groß ist die Artemis der Epheser!
>
> *Apostelgeschichte 19,34*

Wir merken, dass das Gebet bei den Heiden sehr lang war und sehr viele Wiederholungen hatte. So sollten die Jünger nicht beten.

Wenn solche langen Gebete Gott nicht gefallen, heißt das, dass es Situationen gibt, in denen man nicht beten soll? Diese Frage wird weder von den Jüngern gestellt noch von Jesus beantwortet, trotzdem halte ich es für wichtig, sie anzusprechen, besonders weil die jüdische Überlieferung ihr einen wichtigen Platz einräumt. Beim

Auszug aus Ägypten zieht Israel durchs Schilfmeer, die Ägypter rücken heran und Mose schreit zu Gott:

> Und der HERR sprach zu Mose: Was schreist du zu mir? Befiehl den Söhnen Israel, dass sie aufbrechen!
>
> *2. Mose 14,15*

Rabbi Elieser sagt im Talmud dazu:

> Es gibt Zeit für längere Gespräche, aber es gibt auch Zeit, wenn man nicht reden, sondern handeln muss. Gott meint: Meine Kinder sind in Gefahr, das Meer scheint sie zu verschlingen, die Feinde rücken heran und du hast eine falsche Zeit fürs Gebet gefunden. Sage lieber den Kindern Israels, sie sollen gehen!
>
> *Midrasch Schmot Rabba 21,8*

Oft ist es aber sicher möglich, während des Handelns kleine Stoßgebete zum Himmel zu schicken.

3. Glaubt!

Es gibt noch eine wichtige Voraussetzung für das Gebet: Glaube. Jeder von uns hat seine eigenen Vorstellungen davon, was Glaube bedeutet. Allerdings gibt es einen gewissen Unterschied zwischen der jüdischen und der christlichen Sicht. Aus jüdischer Sicht heißt glauben nicht in erster Linie, Gott blind zu gehorchen. Aus der Bibel wissen wir, dass viele Männer Gottes mit Gott um Gerechtigkeit gerungen haben. Abraham, Mose, Jeremia haben mit Gott diskutiert und manchmal heftig protestiert, Jakob hat sogar *in persona* mit Gott gerungen und erhielt deshalb den Namen Israel, das heißt Kämpfer Gottes (1. Mose 32,23-31).

Selbstverständlich will Gott unsere Liebe und unseren Gehorsam, aber vor allem will er, dass wir in unserem Glauben wachsen. Dass wir geistlich erwachsen werden. Er will, dass wir einen Dialog mit ihm führen und gemeinsam an der Wiederherstellung dieser Welt arbeiten. Das erreichen wir auch dadurch, dass wir mit Gott im positiven Sinne streiten und ihm unseren Standpunkt erklären. Dass wir lernen, kritisch zu denken. Nur in einem solchen Dialog erlangt man das Level, wo Gott uns als gleichberechtigte Partner ansieht, auch wenn wir seine Wege oft nicht begreifen können.

GLAUBE IST EINE DER WICHTIGSTEN VORAUSSETZUNGEN FÜRS BETEN.

Die folgende Erzählung von Zvi Kolitz kann unsere Vorstellungen über das jüdische Gebet erweitern:

> Mein Rabbi pflegte mir immer wieder die Geschichte von einem Juden zu erzählen, der mit Frau und Kind der spanischen Inquisition entkommen war und sich auf einem kleinen Boot über stürmische See zu einer steinigen Insel durchgeschlagen hatte. Da zuckte ein Blitz auf und erschlug die Frau. Da kam ein Sturmwind und wirbelte sein Kind ins Meer. Allein, elend, hinausgeworfen wie ein Stein, nackt und barfuß, vom Sturm gepeitscht, von Donnern und Blitzen geschreckt, die Haare zerzaust und die Hände zu Gott erhoben, ist der Jude seinen Weg weitergegangen auf die wüste Felseninsel und hat sich an Gott gewandt:
> »Gott Israels«, sagte er, »ich bin hierher geflohen, daß ich Dir ungestört dienen kann: um Deine Gebote zu tun und Deinen Namen zu heiligen. Du aber tust alles, daß ich an Dich nicht glauben soll. Wenn Du aber meinen solltest, daß es Dir gelingen wird, mich mit diesen Versuchungen vom richtigen

> Weg abzubringen, ruf' ich Dir zu, mein Gott und Gott meiner Eltern, daß es Dir alles nicht helfen wird. Magst Du mich auch beleidigen, magst Du mich auch züchtigen, magst Du mir auch wegnehmen das Teuerste und Beste, das ich habe auf der Welt, und mich zu Tode peinigen – ich werde immer an Dich glauben. Ich werde Dich immer lieb haben, immer – Dir selbst zum Trotz!«[71]

Dieser Text bildet den Abschluss eines Briefs, den ein Verteidiger des Warschauer Gettos in der Geschichte in einer Flasche im Gemäuer eines zerschossenen Hauses versteckte. Der fiktive Charakter Jossel Rackower hat seine Frau, seine sechs Kinder und – in zwei Tagen – alle Kameraden verloren, die mit ihm dieses Haus verteidigt haben – eines der letzten, das noch nicht in die Hände der deutschen Eroberer gefallen ist. Nun ist er allein übrig. Seine Munition ist verschossen. Er weiß, dass die Deutschen in spätestens einer Stunde sein Haus erstürmt haben werden. Er nimmt eine Flasche mit Benzin und schüttet es über seine Kleider, um im Moment der Erstürmung in Flammen aufzugehen. Anschließend steckt er seinen Brief in die Flasche. Dieser schließt mit den Worten:

> Du sagst, Gott, wir haben gesündigt. Natürlich haben wir gesündigt… Ich will aber, dass du mir sagst, ob es eine Sünde in der Welt gibt, die eine solche Strafe verdient?… Was soll denn noch geschehen, damit du uns dein Gesicht wieder zuwendest?…
> Ich kann dich nicht loben für die Taten, die du duldest. Ich segne aber und lobe dich für deine schreckliche Größe, die gewaltig sein muss, wenn selbst das, was jetzt geschieht, auf dich keinen Eindruck macht… Spätestens in einer Stunde werde ich mit Frau und Kindern vereint und mit Millionen

meines Volkes in einer besseren Welt sein, wo es keinen Zweifel mehr gibt und wo Gott der einzige Herrscher ist. Ich sterbe ruhig, aber nicht befriedigt, ein Geschlagener, aber kein Verzweifelter, ein Gläubiger, aber kein Betender, ein Verliebter in Gott, aber kein blinder Amen-Sager…
Und das sind meine letzten Worte an dich, mein zorniger Gott: Du hast alles getan, damit ich nicht an dich glaube, damit ich an dir verzweifle! Ich aber sterbe, genau wie ich gelebt habe, im felsenfesten Glauben an dich.
Höre Israel, der Ewige ist unser Gott, der Ewige ist einig und einzig! Jossel Rackower.[72]

Jüdische Gebete

Und wenn ihr betet, sollt ihr nicht sein wie die Heuchler, denn sie lieben es, in den Synagogen und an den Ecken der Straßen stehend zu beten, damit sie von den Menschen gesehen werden. Wahrlich, ich sage euch, sie haben ihren Lohn dahin. Wenn du aber betest, so geh in deine Kammer, und wenn du deine Tür geschlossen hast, bete zu deinem Vater, der im Verborgenen ist! Und dein Vater, der im Verborgenen sieht, wird dir vergelten.
Wenn ihr aber betet, sollt ihr nicht plappern wie die von den Nationen; denn sie meinen, dass sie um ihres vielen Redens willen erhört werden. Seid ihnen nun nicht gleich! Denn euer Vater weiß, was ihr benötigt, ehe ihr ihn bittet.
Betet ihr nun so: Unser Vater, der du bist in den Himmeln, geheiligt werde dein Name; dein Reich komme; dein Wille geschehe, wie im Himmel, so auch auf Erden! Unser tägliches Brot gib uns heute; und vergib uns unsere Schulden, wie

auch wir unseren Schuldnern vergeben haben; und führe uns nicht in Versuchung, sondern rette uns von dem Bösen! – Denn wenn ihr den Menschen ihre Vergehungen vergebt, so wird euer himmlischer Vater auch euch vergeben; wenn ihr aber den Menschen nicht vergebt, so wird euer Vater eure Vergehungen auch nicht vergeben.

Matthäus 6,5-15

Vom Vaterunser gibt es zwei verschiedene Fassungen, die längere steht in der Bergpredigt (Matthäus 6,9-13), die kürzere im Lukasevangelium (Lukas 11,2-4). Bei Matthäus geht es vor allem um das rechte Beten, bei Lukas um das Beten generell. Im Lukastext fehlen einige der Bitten aus dem Matthäusevangelium. Die Matthäus-Fassung wurde schließlich von der frühen Kirche übernommen.

Das Vaterunser aus jüdischer Sicht

Zur Zeit Jesu war es üblich, bei Sonnenauf- und Sonnenuntergang das *Sch'ma Israel* (Höre Israel; vgl. 5. Mose 6,4-9) zu beten. Zusätzlich wurde eine dritte Gebetszeit zur sechsten oder neunten Stunde eingehalten: das Mittagsgebet. In dieser Zeit gingen auch Petrus und Johannes zum Tempelplatz, um zu beten (vgl. Apostelgeschichte 3,1).

Schacharit, Mincha, Maariv – das waren die drei wichtigsten der täglichen Anbetungszeiten, zu denen im Zweiten Tempel die Opfer dargebracht wurden. Aus diesen drei Gebetszeiten entwickelten sich die Anbetungszeiten in den Synagogen. Jesus wuchs in dieser Gebetstradition auf. Er nahm am Synagogengottesdienst teil und betete zusammen mit der Gemeinde. Die ersten messianischen beziehungsweise christlichen Gemeinden im Orient übernahmen später diese jüdische Gebetstradition.[73]

Das Vaterunser steht, genauso wie die anderen Aussagen der Bergpredigt, nicht in einem luftleeren Raum, sondern es gibt Vorlagen und Parallelen in der Bibel und in der jüdischen Tradition, zum Beispiel beim Propheten Hesekiel:

> Darum sollst du zum Hause Israel sagen: So spricht Gott der HERR: Ich tue es nicht um euretwillen, ihr vom Hause Israel, sondern um meines heiligen Namens willen, den ihr entheiligt habt unter den Völkern, wohin ihr auch gekommen seid. Denn ich will meinen großen Namen, der vor den Völkern entheiligt ist, den ihr unter ihnen entheiligt habt, wieder heilig machen. Und die Völker sollen erfahren, dass ich der HERR bin, spricht Gott der HERR, wenn ich vor ihren Augen an euch zeige, dass ich heilig bin. Denn ich will euch aus den Völkern herausholen und euch aus allen Ländern sammeln und wieder in euer Land bringen, und ich will reines Wasser über euch sprengen, dass ihr rein werdet; von all eurer Unreinheit und von allen euren Götzen will ich euch reinigen. Und ich will euch ein neues Herz und einen neuen Geist in euch geben und will das steinerne Herz aus eurem Fleisch wegnehmen und euch ein fleischernes Herz geben. Ich will meinen Geist in euch geben und will solche Leute aus euch machen, die in meinen Geboten wandeln und meine Rechte halten und danach tun. Und ihr sollt wohnen im Lande, das ich euren Vätern gegeben habe, und sollt mein Volk sein, und ich will euer Gott sein. Ich will euch von all eurer Unreinheit erlösen und will das Korn rufen und will es mehren und will keine Hungersnot über euch kommen lassen. Ich will die Früchte der Bäume und den Ertrag des Feldes mehren, dass euch die Völker nicht mehr verspotten, weil ihr hungern müsst. Dann werdet ihr an euren bösen Wandel denken und an euer Tun, das nicht gut war, und werdet euch selbst zuwider sein um eurer Sünde und eurer Gräuel willen. Nicht

> um euretwillen tue ich das, spricht Gott der HERR, das sollt ihr wissen, sondern ihr werdet euch schämen müssen und schamrot werden, ihr vom Hause Israel, über euren Wandel. So spricht Gott der HERR: Zu der Zeit, wenn ich euch reinigen werde von allen euren Sünden, will ich die Städte wieder bewohnt sein lassen, und die Trümmer sollen wieder aufgebaut werden.
>
> *Hesekiel 36,22-33; LUT*

Der Herr sagt dem Propheten und dem Hause Israel, dass er sich wieder seines Volkes erbarmen will. Wir können in diesem Text nicht wortwörtlich das Vaterunser, aber dasselbe Gedankengut erkennen:

- Sein Name soll heilig sein (Vers 23)
- Sein Wille geschehe (»ich will« bzw. »will ich« kommt in diesem Abschnitt zehnmal vor)
- Er sorgt für das tägliche Brot – es gibt keine Hungersnot mehr (Vers 29)
- Sündenvergebung (Vers 25.33)

Hesekiel schildert den eschatologischen Zustand des Hauses Israel. Gott wird sich wieder über Israel erbarmen. Gott wird seine Verheißung zum Ziel bringen, die er schon Abraham, Isaak und Jakob gegeben hat.

Diese Parallelen bei Hesekiel und Matthäus sind bemerkenswert. Das neue Herz und der neue Geist sind die Voraussetzung dafür, dass Israel in Gottes Reich eintreten kann. Gott hatte das Volk in die Gefangenschaft geführt, weil es ihm nicht gehorsam war. Erst durch

DAS NEUE HERZ UND DER NEUE GEIST SIND DIE VORAUSSETZUNG DAFÜR, DASS ISRAEL IN GOTTES REICH EINTRETEN KANN.

Neuschöpfung (das neue Herz und den neuen Geist) können die Menschen den Willen Gottes tun.

Mit dem ersten Kommen Jesu ist die messianische Zeit angebrochen. Er hat durch seinen Tod und seine Auferstehung die Versöhnung bewirkt. Wer in dem neuen Bund lebt, ist neu geboren, ist eine Neuschöpfung. Die Wende ist vollzogen. Doch die Vollendung steht noch aus. Und das Volk Gottes betet mit den Worten des Propheten Hesekiel für die Vollendung der Verheißung, die Gott gegeben hat.

Frühjüdische Parallelen

Man sagt, dass nur das Christentum die Hinwendung zu Gott als Vater kennt. Aber das stimmt nicht. Einer der bekanntesten jüdischen Texte ist das Gebet *Awinu Malkenu* (Unser Vater, unser König)[74]. Es wird an den zehn Bußtagen von *Rosch ha Schana* (das jüdische Neujahr) bis *Jom Kippur* (Großer Versöhnungstag) gebetet. Der Name des Gebets kommt von dem in jeder Zeile wiederkehrenden Ruf:

> Awinu Malkenu
> Unser Vater, unser König, wir haben gesündigt vor dir!
> Unser Vater, unser König, wir haben keinen König außer dir!
> Unser Vater, unser König, willfahre uns
> um deines Namens willen!
> Unser Vater, unser König, erneuere uns ein gutes Jahr!
> Unser Vater, unser König, halte fern von
> uns alle bösen Verhängnisse!
> Unser Vater, unser König, verteile die Gedanken
> unserer Hasser!
> Unser Vater, unser König, zerstöre den Ratschluss
> unserer Feinde!

Unser Vater, unser König, halte fern von
uns jeden Bedränger und Verleumder!
Unser Vater, unser König, halte fern Pest, Schwert,
Hungersnot, Gefangenschaft und Verderben von
den Kindern deines Bundes!

Unser Vater, unser König, halte jede Plage
von deinem Erbe fern!
Unser Vater, unser König, schicke vollkommene
Heilung den Kranken deines Volkes!
Unser Vater, unser König, führe uns in vollkommener
Rückkehr zu dir zurück!
Unser Vater, unser König, verzeihe und vergib
alle unsere Sünden!
Unser Vater, unser König, lösche aus und beseitige
unsere Frevel vor deinen Augen!
Unser Vater, unser König, zerreiße das Böse des
über uns verhängten Urteils!
Unser Vater, unser König, tilge in deinem großen
Erbarmen alle unsere Schuldurkunden!

Unser Vater, unser König, gedenke, dass wir Staub sind!
Unser Vater, unser König, gedenke unser in Güte vor dir!
Unser Vater, unser König, schreibe uns ein im Buch
glücklichen Lebens!
Unser Vater, unser König, schreibe uns ein im Buch
der Verdienste!
Unser Vater, unser König, schreibe uns ein im Buch
der Erhaltung und Ernährung!
Unser Vater, unser König, schreibe uns ein im Buch
der Erlösung und Errettung!

Unser Vater, unser König, schreibe uns ein im Buch
der Verzeihung und Vergebung!

Unser Vater, unser König, lass uns bald das Heil
emporsprießen!
Unser Vater, unser König, erhebe die Macht
deines Volkes Israel!
Unser Vater, unser König, erhebe die Macht
deines Gesalbten!
Unser Vater, unser König, erhöre unsere Stimme,
schone und erbarme dich über uns!
Unser Vater, unser König, nimm in Barmherzigkeit
und Wohlgefallen unser Gebet an!
Unser Vater, unser König, lass uns nicht leer vor dir
ausgehen!

Unser Vater, unser König, tue es um deretwillen,
die für die Heiligung deines Namens erschlagen wurden!
Unser Vater, unser König, tue es um deretwillen,
die für deine Einheit hingeschlachtet wurden!
Unser Vater, unser König, tue es um deretwillen,
die für die Heiligung deines Namens den Tod
durch Feuer und Wasser erlitten!
Unser Vater, unser König, ahnde vor unseren Augen
das vergossene Blut deiner Knechte!
Unser Vater, unser König, tue es um deinetwillen,
wenn nicht um unseretwillen!
Unser Vater, unser König, tue es um deinetwillen
und hilf uns!
Unser Vater, unser König, tue es um deinetwillen,
tue es um deines großen Erbarmens willen!

Unser Vater, unser König, tue es um deines großen,
mächtigen und furchtbaren Namens willen,
der über uns genannt wird!
Unser Vater, unser König, aus Gnade erhöre uns,
denn wir haben keine verdienstvollen Handlungen,
erweise uns Milde und Huld und hilf uns!

Ein anderes jüdisches Gebet, das Kaddisch[75], erinnert in seiner Sprache und Struktur sehr an das Vaterunser.

Kaddisch
Erhoben und geheiligt werde sein großer Name auf der
Welt, die nach seinem Willen von ihm erschaffen wurde;
sein Reich soll in eurem Leben in den eurigen Tagen
und im Leben des ganzen Hauses Israel schnell und in
nächster Zeit erstehen.
Und wir sprechen: Amen!
Sein großer Name sei gepriesen in Ewigkeit und Ewigkeit
der Ewigkeiten.
Gepriesen sei und gerühmt, verherrlicht, erhoben, erhöht,
gefeiert, hocherhoben und gepriesen der Name des Heiligen, gelobt sei er, hoch über jedem Lob und Gesang, Verherrlichung und Trostverheißung, die je in der Welt gesprochen wurde,
sprechet Amen!
Fülle des Friedens und Leben möge vom Himmel herab uns
und ganz Israel zuteilwerden,
sprechet Amen.
Der Frieden stiftet in seinen Himmelshöhen, stifte Frieden
unter uns und ganz Israel,
sprechet Amen.

Das hebräische Wort *Kaddisch* ist verwandt mit *kadosch* (heilig). Es geht um die Heiligung des Namens Gottes. Säkulare Juden und viele Christen betrachten das *Kaddisch* als ein Trauergebet, das bei jeder Beerdigung gesprochen wird. Das stimmt zwar, aber das ist eine sehr oberflächliche Definition, weil das *Kaddisch* ein integraler Bestandteil jedes jüdischen Gottesdienstes ist. Außerdem – und das ist etwas typisch Jüdisches – gibt es in diesem Gebet kein Wort über den Tod.

Die ursprüngliche Idee des *Kaddisch* ist folgende: Der Mensch wurde für die Ewigkeit bestimmt. Die unsterbliche menschliche Seele (*neschama*) ist direkt mit dem heiligen Gott verbunden. Wenn der Tod in unser Leben eindringt, passiert etwas, das der Heiligkeit Gottes in unseren Augen schadet: eine Ungerechtigkeit! Um die Bedeutung des heiligen Namens Gottes wiederherzustellen, betet man das *Kaddisch*. Das Besondere am *Kaddisch* ist, dass es nicht in Hebräisch, sondern in Aramäisch verfasst wurde.

Der Kern des *Kaddisch* ist ein Segensspruch: »Sein großer Name sei gepriesen in Ewigkeit und Ewigkeit der Ewigkeiten!« Dieser aramäische Satz ist fast wortwörtlich im Buch des Propheten Daniel und in den Psalmen zu finden:

> Gepriesen sei der Name Gottes von Ewigkeit zu Ewigkeit!
> *Daniel 2,20*

> Gepriesen sei der Name des HERRN von nun an bis in Ewigkeit!
> *Psalm 113,2*

Im antiken Judentum wurde dieser Grundsatz am Ende von Vorträgen oder Lesungen rezitiert und mit einem Gebet angereichert, woraus dann das *Kaddisch* entstand. In diesem Gebet fehlt jeder

Hinweis auf die Zerstörung des Tempels, was darauf schließen lässt, dass es vor 70 n. Chr. formuliert wurde. Auch die Tatsache, dass es auf Aramäisch verfasst wurde, ist ein Indiz dafür.

PERSÖNLICHE ANSPRACHE

Vater-Sohn-Beziehung

Das Vaterunser bildet das geistliche Zentrum der Bergpredigt. Warum stellt Matthäus gerade ein Gebet in die Mitte dieser Verse? Weil Gebet das ist, was uns mit dem Himmel verbindet!

Das Gebet beginnt mit dem Wort »Vater«. Daher stellt sich die Frage, wie Juden die Vater-Sohn-Beziehung sehen. Die folgende jüdische Geschichte illustriert dies: Ein Mann und sein Sohn wurden im Wald von Räubern überfallen. Der Vater legte seinen einen Arm um seinen Sohn und mit einem Schwert in der anderen Hand kämpfte er gegen die Räuber. Als er sie besiegt hatte, sagte der Sohn: »Vater, ich möchte, dass deine beiden Hände immer mit mir sind: Die eine Hand, die mich beschützte und mir Mut gab, und die andere Hand, die die Räuber besiegte.«

Es ist so wichtig, dass der Vater sein Kind beschützt!

Mein Vater war Handwerker. Ich war fünf Jahre alt, als ich zum ersten Mal in seine Werkstatt kam. Dort gab es viele verschiedene elektrische Geräte. Besonders eine riesige Betriebsbohrmaschine zog meine Aufmerksamkeit auf sich. Als keiner mich beobachtete, drückte ich den grünen Knopf und der große Bohrer begann, sich zu bewegen. Er drehte sich schneller und schneller und ich stand da wie verzaubert und wollte ihn so gern anfassen. Da es kalt war, trug ich Winterhandschuhe. Als ich die Maschine berührte, wurde mein Handschuh von dem großen Bohrer eingewickelt. Mein Vater sprang innerhalb von Sekunden aus der anderen Ecke des Raumes zu mir und drückte den roten Knopf, der den Bohrer stoppte. Meine Haut wurde nur leicht verletzt. Noch nie hatte ich meinen Vater so schnell reagieren sehen: Es ging um das Wohl seines Sohnes!

Ein Sohn hat eine besondere Beziehung zu seinem Vater. Ein Mensch, der Gott Vater nennt, hat eine besondere Beziehung zu Gott. Die Besonderheit liegt im Vertrauen und im Verhalten. Der Sohn verhält sich beim Vater anders als Fremden gegenüber.

Als Jesus sich taufen ließ, kam eine Stimme vom Himmel:

> Dieser ist mein geliebter Sohn, an dem ich Wohlgefallen gefunden habe.
>
> *Matthäus 3,17*

Das war ein Höhepunkt für Jesus. Und ich bin sicher, er hatte in diesem Moment großes Vertrauen zu Gott. Aber gleich danach lesen wir, dass Gott seinen Sohn in die Wüste schickte. Vierzig Tage fastete er. Dies war sicher nicht einfach, ein innerer Kampf mit sich selbst! Und als Gipfel der Prüfung erschien der Satan und sagte: »Willst du deinem Vater immer noch vertrauen? Sag lieber zu diesen Steinen, dass sie zu Brot werden! Mach Schluss mit diesem Gehorsam und Vertrauen!«

EIN MENSCH, DER GOTT VATER NENNT, HAT EINE BESONDERE BEZIEHUNG ZU GOTT.

Wie oft befinden wir uns in einer ähnlichen Situation? Es ist leicht, Gott zu vertrauen, wenn es mir gut geht. Doch was ist, wenn ich ernsthaft krank werde? Wenn ich meine Arbeit verliere? Wenn mein engster Freund mich verrät? Wie soll ich dann vertrauen?

Was hat Jesus damals in der Wüste zum Feind gesagt? »Geh fort von mir, Satan! Ich vertraue meinem Vater, sein Wort ist die Wahrheit!« Als Jesus das Wort des Vaters aussprach, wich der Satan zurück.

Doch drei Jahre später kam er mit der gleichen Aufforderung zurück: »Steig von diesem Kreuz hinunter. Wie kannst du einem Vater vertrauen, der seinen Sohn einen solchen qualvollen Tod sterben lässt?«

Und Jesus sagt wieder: »Geh weg von mir! Ich werde meinem Vater bis zum Ende vertrauen, gerade jetzt, wenn ich sterben muss.« Und auch wenn seine Emotionen mit den Worten »Vater, warum hast du mich verlassen?« etwas ganz anderes sagten, sein Herz rief: »Vater, ich lege meinen Geist in deine Hände! Es ist vollbracht.«

Schenken Sie unserem Vater im Himmel volles Vertrauen, egal, in welcher Situation Sie sich befinden. Er wird uns immer das Beste schenken!

Unser Vater

In der jüdischen Gebetstradition kommt der aramäische Begriff *Abba*[76] selten vor. Dies liegt unter anderem daran, dass fast alle Gebete in Hebräisch verfasst wurden. Der Begriff *aw* (Vater) beziehungsweise *awinu* (unser Vater) erscheint jedoch immer wieder.[77]

DIE VORSTELLUNG VON GOTT ALS EINEM LIEBENDEN VATER IST IN DER JÜDISCHEN LITURGIE TIEF VERWURZELT.

Die Vorstellung von Gott als einem liebenden Vater ist in der Hebräischen Bibel und in der rabbinischen Tradition wie auch in der jüdischen Liturgie tief verwurzelt. Ein Beispiel hierfür findet sich im Buch des Propheten Hosea, das aus der zweiten Hälfte des 8. Jahrhunderts v. Chr. stammt. Gott spricht und sieht sich als ein liebender und fürsorglicher Elternteil. Zugleich ist er frustriert, weil die liebevolle Zuneigung nicht erwidert wird.

> Als Israel jung war, gewann ich es lieb, und aus Ägypten habe ich meinen Sohn gerufen. Sooft ich sie rief, gingen sie von meinem Angesicht weg. Den Baalim opferten sie, und den Gottesbildern brachten sie Rauchopfer dar. Und ich, ich

lehrte Ephraim laufen – ich nahm sie immer wieder auf meine Arme –, aber sie erkannten nicht, dass ich sie heilte. Mit menschlichen Tauen zog ich sie, mit Seilen der Liebe, und ich war ihnen wie solche, die das Joch auf ihren Kinnbacken anheben, und sanft zu ihm gab ich ihm zu essen.
Hosea 11,1-4

Ist mir Ephraim ein teurer Sohn oder ein Kind, an dem ich Freude habe? Denn sooft ich auch gegen ihn geredet habe, muss ich doch immer wieder an ihn denken. Darum ist mein Innerstes um ihn erregt. Ich muss mich über ihn erbarmen, spricht der HERR.
Jeremia 31,20

In diesem Text kommt die liebevolle Zuwendung Gottes zu seinen Kindern deutlich zum Ausdruck. Die Bilder, die Hosea benutzt, beschreiben Tätigkeiten, die traditionell eher als Aufgabe von Frauen angesehen werden: Kinder füttern, ihnen das Laufen beibringen, sie zärtlich berühren. Doch der Gott der Bibel hat nicht nur – aus unserer Sicht – väterliche Züge, sondern eben auch mütterliche. Die Metapher »Vater« wird in der Bibel und in der rabbinischen Tradition stets mit Nähe, Fürsorge, Barmherzigkeit und Liebe assoziiert.

Das Vaterunser wurde von Jesus nicht eingesetzt, um das traditionelle jüdische Gebet ersatzlos zu streichen. Es hat eine tiefe Wurzel im biblischen Judentum. Der Ausdruck »unser Vater im Himmel« findet sich in der jüdischen Gebetstradition von der Antike bis in die Gegenwart. Ein zeitgenössisches jüdisches Dankgebet, welches das Oberrabbinat in Jerusalem anlässlich des Unabhängigkeitstages in Israel veröffentlichte, beginnt mit den Worten: »Unser Vater im Himmel, Fels Israels und sein Erlöser, segne den Staat Israel, den Erstlingsspross unserer Erlösung.«

Das Vaterunser sowie das *Kaddisch*-Gebet drücken die Hoffnung und das Sehnen nach einer zukünftigen Erlösung aus!

Dieser dritte Teil soll dazu dienen, das Vaterunser neu zu entdecken. Der Herr nimmt uns in seine Gebetsschule, damit wir von ihm lernen können, aber auch damit wir uns durch dieses Gebet noch fester mit dem jüdischen Volk verbunden wissen.

LOB UND ANBETUNG GOTTES

Geheiligt werde dein Name

Das Wort »heilig« beziehungsweise »Heiligkeit« ist bereits Thema bei der sechsten Seligpreisung. Nun möchte ich noch einmal genauer auf dessen Bedeutung eingehen.

Die Verwendung von »heilig« ist nicht mit dem hebräischen *kadosch* identisch. Im Deutschen unterscheidet sich das Heilige von allen anderen Dingen. So spricht man vom Auto als »heiligem Blech« und erhebt es damit über alles. Sportler und Musiker, die sehr erfolgreich sind, sind heilig, sie sind anders, besser als die anderen … So versteht die Welt den Begriff »heilig«.

Wenn Christen beten: »Geheiligt werde dein Name!«, dann drücken sie daher etwa Folgendes aus: »Vater, dein Name spielt in unserer Gesellschaft oft eine unbedeutende Rolle. Du bedeutest vielen Menschen gar nichts. Dein Name ist für viele eine Worthülse, Schall und Rauch. Lass uns mit diesem Gebet aufs Neue erkennen, dass in keinem anderen Heil ist.«

Das Ziel Gottes war es, das Volk Israel auszusondern und zu heiligen.

> Und nun, wenn ihr willig auf meine Stimme hören und meinen Bund halten werdet, dann sollt ihr aus allen Völkern mein Eigentum sein; denn mir gehört die ganze Erde. Und ihr sollt mir ein Königreich von Priestern und eine heilige Nation sein. Das sind die Worte, die du zu den Söhnen Israel reden sollst.
>
> *2. Mose 19,5-6*

Die Tora und die Propheten sprechen aber auch konkret von der Heiligung des Namens (2. Mose 20,7; 3. Mose 22,32; Jesaja 29,23). Im Buch des Propheten Hesekiel sagt Gott, dass er seinen Namen heilig machen will:

> Und ich werde meinen großen, unter den Nationen entweihten Namen heiligen, den ihr mitten unter ihnen entweiht habt. Und die Nationen werden erkennen, dass ich der HERR bin, spricht der Herr, HERR, wenn ich mich vor ihren Augen an euch als heilig erweise.
>
> *Hesekiel 36,23*

Der Name Gottes wird »entheiligt«, wenn Menschen gegen die Weisungen und den Willen Gottes handeln. Gottes *Kawod* (Herrlichkeit), seine Ehre und Macht werden unter den Menschen sichtbar durch sein Tun, wie dieser Text zeigt, aber auch durch das Tun der Menschen. Die Israeliten heiligten Gott durch die Befolgung der Tora, der Gebote, die Gott seinem Volk gegeben hat. Wenn das Volk Gottes nach seinem Willen lebt, dann wird er geheiligt!

WENN DAS VOLK GOTTES NACH SEINEM WILLEN LEBT, DANN WIRD ER GEHEILIGT!

Jedes jüdische Gebet beginnt mit den gleichen Worten: »Gelobt seist du, Herr, unser Gott, König der Welt, der uns geheiligt hat durch seine Gebote und uns befohlen hat, … zu tun.« Daraus lernen wir, dass es sehr wichtig ist, dass das jüdische Volk nach der Tora Gottes lebt, dass messianische Juden toratreu bleiben und nicht die Gebote Gottes über Bord werfen. Das Mustergebet Jesu beginnt ja gerade mit dieser Bitte: »Geheiligt werde dein Name!«

Der Name Gottes

Gottes Name steht immer in Gefahr, missbraucht zu werden. Es ist kein Zufall, dass das zweite Gebot lautet:

> Du sollst den Namen des Herrn, deines Gottes, nicht zu Nichtigem aussprechen, denn der Herr wird den nicht ungestraft lassen, der seinen Namen zu Nichtigem ausspricht.
>
> *2. Mose 20,7*

Der Name Gottes hat in der jüdischen Tradition eine besondere Bedeutung. Am brennenden Dornbusch zeigt sich Gott Mose als empathischer Gott, der den Ruf der leidenden Israeliten gehört hat. Er stellt sich vor als Gott der Väter und verheißt Mose – und allen Israeliten – seine Gegenwart. »Ich bin, der ich bin« (2. Mose 3,14).

So schreibt ein moderner Rabbiner:

> In seinem Namen zeigt Gott sich als ein Gegenüber in einer Beziehung: ein wandelbarer, agierender und reagierender Gott. Ein Gott mit Gefühlen, einer, der rationaler Argumentation zugänglich ist, einer, der bereuen kann.[78]

Die Anrufung des Namens in der jüdischen Tradition bedeutet, Zugang zu einer Person zu haben.

Um den Namen Gottes nicht zu missbrauchen, haben Juden aufgehört, die vier heiligen Buchstaben: JHWH als den Namen Gottes auszusprechen, und sagen stattdessen *Adonaj* oder *Haschem*. Zur Zeit des ersten Tempels wurde das Tetragramm (JHWH) nur einmal im Jahr vom Hohepriester am Versöhnungstag im Allerheiligsten ausgesprochen.

»HEILIGEN« BEDEUTET, DIE VERBORGENE HERRLICHKEIT GOTTES OFFENBAR WERDEN ZU LASSEN.

Dieser Brauch diente dazu, die Beziehung zwischen Gott und den Israeliten wieder ins rechte Lot zu bringen. In der jüdischen Tradition ist die »Heiligung des Namens« etwas, woran auch Menschen beteiligt sind. »Heiligen« bedeutet, die verborgene Herrlichkeit Gottes offenbar werden zu lassen.

Rabbiner Esriel Tauber bringt es auf den Punkt:

> *Kiddusch Haschem* heißt so zu handeln, dass es mit der himmlischen Ordnung vereinbar ist und damit das Leben auf der Erde als eine Reflexion des Himmels zu gestalten. So wie im Himmel, so auf der Erde. Von der ganzen Menschheit wird erwartet, so zu handeln. Inmitten der ganzen Menschheit gibt es aber ein Volk, das dazu bestimmt wurde, den Weg zu zeigen: Israel, das jüdische Volk.[79]

In der Liturgie zu *Rosch ha-Schana* und *Jom Kippur* heißt es: »*Nikdaschti betoch bne Jisrael*« – »Ich werde in der Mitte des jüdischen Volkes geheiligt werden.«[80] Dieser Satz beinhaltet mindestens zwei Dimensionen: sowohl in der Mitte Israels als auch durch das Volk Israel.

Praktisch bedeutet »Geheiligt werde dein Name«, dass wir unser Leben so leben, dass die Welt Gottes Heiligkeit in unserem Lebensstil erkennen kann. Wir versprechen Gott damit, so zu leben, dass die Menschen um uns herum merken, dass in unserem Leben Gott wirkt.

Heiligung als Lebensstil

Ich habe oft Predigten zum Thema gehört, warum Jesus auf diese Welt kam. Christliche Publikationen und Vorträge geben unterschiedliche Antworten darauf, zum Beispiel um uns zu erlösen oder um zu sterben. Eine wichtige Dimension seines ersten Kommens erklärt Jesus selbst:

> Ich habe dich verherrlicht auf der Erde; das Werk habe ich vollbracht, das du mir gegeben hast, dass ich es tun sollte. … Ich habe deinen Namen den Menschen offenbart, die du mir aus der Welt gegeben hast.
>
> *Johannes 17,4.6*

Mit anderen Worten: Jesus kam, um den Namen Gottes zu heiligen, er zeigte den Menschen den Charakter Gottes.

Mit der Heiligung des Namens, *Kiddusch ha Schem*, hängt auch die Geschichte von König David und Ornan, dem Jebusiter, zusammen. David hatte gesündigt und eine Volkszählung befohlen. Das Ergebnis: 70 000 Israeliten starben durch eine Epidemie. Gott ließ David wissen, dass er ihm einen Altar bauen musste, um dort zu opfern, um von der Sünde erlöst zu werden. Dieser Altar sollte auf der Tenne Ornans gebaut werden. David bat Ornan, ihm die Tenne zu verkaufen. Als Ornan erfuhr, wofür David den Platz brauchte, sagte er:

> Nimm ihn dir! Mein Herr, der König, tue, was gut ist in seinen Augen! Siehe, ich gebe die Rinder für die Brandopfer und die Dreschschlitten als Brennholz und den Weizen zum Speisopfer; das alles gebe ich.
>
> *1. Chronik 21,23*

Mit anderen Worten sagte der Heide Ornan: »Geheiligt werde der Name des Herrn!« David weigerte sich jedoch, die Tenne umsonst zu nehmen. Jahre später ließ Salomo auf diesem Platz den ersten Tempel bauen. Zweitausend Jahre zuvor war bereits Abraham an diesen Platz gekommen, um den Namen Gottes zu heiligen. Er war bereit, seinen Sohn auf den Altar zu legen und dadurch legte er den

Grundstein der jüdischen Tradition *Kiddusch ha Schem* (Heiligung des Namens Gottes).

Dreihundert Jahre nach Salomo kam der Prophet Jesaja in den Tempel und hatte eine Vision: Er sah den Herrn auf dem Thron. Als er die Frage hörte: »Wen soll ich senden, und wer wird für uns gehen?«, antwortete er: »Hier bin ich, sende mich!« (Jesaja 6,8) Mit anderen Worten sagte Jesaja: »Gebrauche mich, mein Gott!« Das war wieder ein Akt der Heiligung des Namens Gottes.

Siebenhundert Jahre nach Jesaja brachten die jüdischen Eheleute Josef und Mirjam (Maria) ihren Sohn Jeschua, ihren Erstling, vor Gott:

> Und als die Tage ihrer Reinigung nach dem Gesetz Moses vollendet waren, brachten sie ihn nach Jerusalem hinauf, um ihn dem Herrn darzustellen.
>
> *Lukas 2,22*

Das ganze Leben von Jesus wird zu einer totalen Hingabe und Heiligung des Namens Gottes. Wenn wir es ernst meinen, den Namen Gottes mit unserem Lebensstil zu heiligen, wenn unser Alltag ein Zeugnis für den Herrn ist, dann realisiert Gott seine Pläne durch uns. Unser Akt der Heiligung öffnet den Weg für Gottes Wirken in dieser Welt!

Dein Reich komme, dein Wille geschehe

Die zweite Bitte im Vaterunser lautet: »Dein Reich komme; dein Wille geschehe, wie im Himmel, so auch auf Erden!« Diese Worte erinnern an das *Kaddisch*-Gebet:

> Sein Reich soll in eurem Leben in den eurigen Tagen und im Leben des ganzen Hauses Israel schnell und in nächster Zeit erstehen.

Was meint Jesus mit den Worten »dein Reich«? Das Reich Gottes hat verschiedene Merkmale. Das erste ist die sichtbare Manifestation Gottes unter den Menschen. Gott als König und Herrscher der Welt, dieser Gedanke zieht sich wie ein roter Faden durch die Schrift. Vor allem in den Psalmen kommt er immer wieder zur Sprache, zum Beispiel in Psalm 47:

> Singt Gott, singet, singt unserem König, singet! Denn Gott ist König der ganzen Erde; singt einen Psalm! Gott ist König geworden über die Nationen; Gott hat sich auf seinen heiligen Thron gesetzt. Die Edlen der Völker haben sich versammelt mit dem Volk des Gottes Abrahams; denn die Könige der Erde sind Gottes; er ist sehr erhaben.
>
> *Psalm 47,7-10*

Das zweite Merkmal ist, dass die Menschen nach den Geboten Gottes leben, und zwar mit großer Freude, weil sie verstehen, dass die Gebote zu einem erfüllten Leben führen.

Wenn Jesus sagt: »Das Reich Gottes ist nahe«, dann meint er: »Es kommt bald die Zeit, dass ihr durch den Geist Gottes in meinen Geboten wandeln werdet.«

AUS DER JÜDISCHEN PERSPEKTIVE IST DER MENSCH GOTTES PARTNER AUF ERDEN.

In der christlichen Auslegung wird viel diskutiert, ob die beiden Bitten: »Geheiligt werde dein Name« und »Dein Reich komme« nur im Exklusivbereich des Wirkens Gottes liegen oder ob wir Menschen etwas dazu beitragen können.

Juden diskutieren darüber nicht. Aus der jüdischen Perspektive ist der Mensch Gottes Partner auf Erden. Hier liegt ein wesentlicher Unterschied vor allem zwischen der christlichen und der jüdischen Anthropologie, der Lehre vom Menschen.

Im Judentum gibt es die Vorstellung von zwei Trieben im Menschen, *jezer ha Tow* und *jezer ha Ra*. Der eine befähigt den Menschen zum Guten und spornt ihn dazu an, der andere zum Bösen. Der Mensch ist frei, sich zu entscheiden, welchem Ruf er folgen will. Grundsätzlich hat er die Fähigkeit, den Willen Gottes zu tun, und Partner oder Partnerin Gottes im Hinblick auf die Vollendung der Welt zu werden. Wir Menschen können Gott verherrlichen.

Gottes Herrlichkeit

Die Bibel spricht oft über die Herrlichkeit Gottes, beispielsweise im folgenden Vers:

> Da geschah es, als Aaron zur ganzen Gemeinde der Söhne Israel redete und sie sich zur Wüste hinwandten, siehe, da erschien die Herrlichkeit des Herrn in der Wolke.
>
> *2. Mose 16,10*

Die Herrlichkeit Gottes wird hier mit dem hebräischen Wort *kawod* wiedergegeben. Man konnte sich ihr nicht einfach nähern:

> Und der Herr sprach zu Mose: Steig zum Herrn herauf, du und Aaron, Nadab und Abihu und siebzig von den Ältesten Israels, und betet an von ferne! Aber Mose allein soll zum Herrn herantreten, sie aber dürfen nicht herantreten, und das Volk soll nicht mit ihm heraufsteigen.
>
> *2. Mose 24,1-2*

Nur Mose war es damals erlaubt, an die Herrlichkeit Gottes heranzutreten, und doch musste Gott über Mose seinen Schutz ausbreiten, damit er nicht starb.

> Als nun Mose auf den Berg stieg, bedeckte die Wolke den Berg. Und die Herrlichkeit des HERRN ließ sich auf dem Berg Sinai nieder, und die Wolke bedeckte ihn sechs Tage; und am siebten Tag rief er Mose mitten aus der Wolke heraus zu. Die Erscheinung der Herrlichkeit des HERRN aber war vor den Augen der Söhne Israel wie ein verzehrendes Feuer auf dem Gipfel des Berges.
> *2. Mose 24,15-17*

Dasselbe sehen wir in der Stiftshütte: Mose und Aaron dürfen hinein, aber kein anderer aus dem Volk, und diese Ordnung bleibt im Ersten und Zweiten Tempel bestehen: »Und die ganze Menge des Volkes stand betend draußen zur Stunde des Räucherns« (Lukas 1,10).

Daraus kann man schließen: In biblischer Zeit wohnte Gott unter seinem Volk, aber nur einzelne Leute durften seine Herrlichkeit aus der Nähe erleben. Diese Leute waren entweder Priester oder Menschen mit einem besonderen göttlichen Auftrag.

Mit diesem Hintergrundwissen ist der Bericht vom Anfang des Lukasevangeliums ziemlich schockierend:

> Und es waren Hirten in derselben Gegend, die auf freiem Feld blieben und des Nachts Wache hielten über ihre Herde. Und ein Engel des Herrn trat zu ihnen, und die Herrlichkeit des Herrn umleuchtete sie, und sie fürchteten sich mit großer Furcht.
> *Lukas 2,8-9*

Ausgerechnet Hirten, Menschen, die in der Gesellschaft ganz weit unten standen, erlebten die Herrlichkeit Gottes! Es musste etwas Außergewöhnliches in den himmlischen Sphären geschehen sein, wenn die Herrlichkeit Gottes nicht den Priestern, nicht dem König, sondern den Hirten offenbart wurde! Gott spricht aus den absolut heiligen Bereichen in den profanen Bereich der Hirten. Es ist kein Wunder, dass sie zu Tode erschrocken sind. Das war der Beginn von etwas ganz Neuem. Mit der Geburt des Messias erscheint die Herrlichkeit Gottes den einfachen Menschen!

ES MUSSTE ETWAS AUSSERGEWÖHNLICHES IN DEN HIMMLISCHEN SPHÄREN GESCHEHEN SEIN, WENN DIE HERRLICHKEIT GOTTES EINFACHEN HIRTEN OFFENBART WURDE!

In den Evangelien lesen wir, wie sich das Reich Gottes durch Jesu Wirken ausbreitet. Es gibt sehr viele Details, die für Christen unbedeutend erscheinen, weil man sie nur vor dem damaligen Hintergrund verstehen kann, der im jüdischen Glauben heute noch präsent ist. Für Juden, die das Neue Testament lesen, sind diese Einzelheiten jedoch von großer Bedeutung.

Dies betrifft auch den Bereich der Reinheit, dem sich bereits das Kapitel »Glückselig, die reinen Herzens sind« widmet. Eine Frau, die wegen ihres Blutflusses rituell unrein ist, berührt den heiligsten Teil des Gewandes Jesu. Sie wird gesund und die Reinheit des Messias nimmt keinen Schaden. Jesus berührt ein totes Mädchen, die Tochter des Jairus. Das Mädchen wird wieder lebendig und Jesus bleibt rituell rein. Das sind deutliche messianische Zeichen! Mit dem Kommen des Messias breitet sich das Reich Gottes in dieser Welt aus. Der Messias ist der Punkt, wo sich Himmel und Erde berühren!

Jesus setzte sich als Messias auch mit den Mächten der Finsternis auseinander. Als er einen stummen Dämon austrieb, sagte er:

> Wenn ich aber durch den Finger Gottes die Dämonen austreibe, so ist also das Reich Gottes zu euch gekommen.
>
> *Lukas 11,20*

Zu dieser Stelle gibt es eine Parallele in der Geschichte Israels. Die dritte der zehn Plagen in Ägypten waren Mücken, die über die Menschen und über das Vieh im ganzen Land kamen. Die Priester des Pharao versuchten, dieses Wunder nachzumachen, aber es gelang ihnen nicht.

> Da sagten die Wahrsagepriester zum Pharao: Das ist der Finger Gottes! Aber das Herz des Pharao blieb verstockt, und er hörte nicht auf sie, wie der HERR geredet hatte.
>
> *2. Mose 8,15*

Die ersten zwei steinernen Gesetzestafeln des Zeugnisses, die Gott Mose am Sinai gab, wurden ebenfalls mit dem Finger Gottes beschrieben (2. Mose 31,18). Der Finger Gottes bedeutet Gottes Macht und Kraft. Wenn Jesus diesen Ausdruck gebraucht, meint er: Der Messias kam, um die Macht der Finsternis zu zerstören.

Die Ausbreitung von Gottes Reich

Viele Juden warteten zur Zeit Jesu auf den Anbruch des Himmelreichs, aber es gab sehr unterschiedliche Erwartungen. Eine Meinung, die sehr verbreitet war, war: Der Messias wird endlich die verhassten römischen Besetzer hinauswerfen. Besonders eine militante Gruppe, die *Zeloten* (hebr. Eiferer) waren darin aktiv. Sie proklamierten: »Das ist unser Land! Wir lassen uns nicht länger durch die Herrschaft der Römer knechten. Lasst uns aktiv werden! Wir werden nicht ruhen, bis wir endlich in Frieden unter Gottes

Herrschaft leben. Wenn die Römer nicht freiwillig gehen, dann werden sie hinausgetrieben. Wir handeln im Auftrag Gottes!«

Deshalb ist es kein Wunder, dass Simon der Zelot auch zu den Zwölfen gehörte. Er wartete nur auf den Augenblick, an dem es endlich losgehen würde! Doch Jesus erfüllte die Erwartungen all dieser Menschen nicht. Deswegen sollte es uns nicht erstaunen, dass die aufgeregte Menge, die am Palmsonntag »Hosianna dem Sohn Davids« rief, am Karfreitag »Kreuzige ihn« schrie.

Wie breitet sich nun aber das Reich Gottes aus?

1. **Das Reich Gottes breitet sich still und heimlich aus.**
   Es beginnt ganz klein, ist anfangs kaum sichtbar. Es gleicht einem Senfkorn, das ein Mensch nahm und auf seinem Acker säte. Obwohl es so klein ist, wird es zu einem großen Baum. Das Reich Gottes wird nicht durch Macht und Gewalt vergrößert, wie es Christen oft in der Kirchengeschichte versuchten. Es wächst und vergrößert sich durch die Liebe, die uns der Messias vorgelebt hat. Die Liebe, die sich für den anderen opfert, für den, der aus menschlicher Sicht nicht liebenswürdig ist.

2. **Das Reich Gottes breitet sich durch die Befolgung der Tora aus.**
   Der reiche Jüngling will in das Reich Gottes eintreten (Matthäus 19,16). Jesus sagt: Befolge die Gebote! Die jüdischen Weisen sagen: Wenn alle Juden einmal den Schabbat heiligen, dann kommt das Reich Gottes!
   Die protestantische Theologie hat zwischen den Geboten Gottes auf der einen Seite und der Liebe und Freiheit auf der anderen Seite einen künstlichen Widerspruch kreiert. Aber widerspricht die Befolgung der Gebote etwa der Liebe?
   Jesus sagt:

Wer meine Gebote hat und sie hält, der ist es, der mich liebt; wer aber mich liebt, wird von meinem Vater geliebt werden; und ich werde ihn lieben und mich selbst ihm offenbaren.
Johannes 14,21

3. **Der Eintritt in das Reich Gottes ist ein bewusster Schritt des Glaubens.**
In Matthäus 13 erzählt Jesus ein Gleichnis über das Himmelreich. Das Himmelreich gleicht einem Schatz, verborgen im Acker, den ein Mensch fand und verbarg. Er verkaufte alles, was er hatte, und kaufte den Acker.
Jeder Acker hat seine Grenzen. Es gibt ein Drinnen und ein Draußen. Es gibt keine Deportation ins Reich Gottes. Einer meiner Lehrer pflegte zu sagen: »In der Hölle und im Paradies werden nur Freiwillige sein.«

WER IM REICH GOTTES LEBT, IST BÜRGER DIESES REICHES – EINE DOPPELTE STAATSBÜRGERSCHAFT IST GEFÄHRLICH!

Wer ins Reich Gottes eintritt, lebt unter einer anderen Herrschaft. Was ihn früher begeistert hat, tritt in den Hintergrund. Jesus sagt: »Trachtet zuerst nach dem Reich Gottes!« Wer im Reich Gottes lebt, ist Bürger dieses Reiches – eine doppelte Staatsbürgerschaft ist gefährlich! Auch wenn wir noch ganz in dieser sichtbaren Welt leben, sind wir nicht mehr unter der Macht der Sünde, sondern unter der Macht des Messias! Jesus hat uns seine Gnade zuteilwerden lassen und wir dürfen diese Macht ausüben.

4. **Das Reich Gottes mündet in der Erlösung dieser Welt.**
Die Herrschaft des Messias ist schon jetzt sichtbar und kann wahrgenommen werden und dennoch steht die Vollendung

noch aus. Die Apostel Jesu konnten es kaum abwarten, bis endlich ein irdisches, politisches Friedensreich für Israel aufgebaut würde. Nach vierzig Tagen einer intensiven Bibelschule bei Jesus fragten sie ihn: »Herr, stellst du in dieser Zeit für Israel das Reich wieder her?« (Apostelgeschichte 1,6).

Jesus antwortete darauf: »Es ist nicht eure Sache, Zeiten oder Zeitpunkte zu wissen, die der Vater in seiner eigenen Vollmacht festgesetzt hat. Aber ihr werdet Kraft empfangen, wenn der Heilige Geist auf euch gekommen ist; und ihr werdet meine Zeugen sein, sowohl in Jerusalem als auch in ganz Judäa und Samaria und bis an das Ende der Erde« (Apostelgeschichte 1,7-8).

Die Vollendung des Reiches steht noch aus. Aber die Frage selbst ist nicht verkehrt! Und wenn wir beten: »Dein Reich komme!«, dann ermutigt der Herr uns, sein Evangelium zu verkündigen, so wie es im Römerbrief steht: »Dem Juden zuerst« (Römer 1,16), damit diese Bitte ja vielleicht auch in unserer Generation zur Realität wird.

Dein Wille geschehe

Die Bitte »dein Wille geschehe« enthält keinen neuen Gedanken, sie formuliert das bisher Gesagte noch einmal in anderen Worten. Gottes Wille geschieht, wo er befolgt wird. Er wird da befolgt, wo man sich an seine Weisung hält. Und seine Weisung haben wir in der Tora, in seinem Wort!

Jesus wusste ganz genau, was der Wille des Vaters ist, und betete diesen Satz inbrünstig im Garten Gethsemane:

> Und er ging ein wenig weiter und fiel auf sein Angesicht und betete und sprach: Mein Vater, wenn es möglich ist, so gehe

dieser Kelch an mir vorüber! Doch nicht wie ich will, sondern wie du willst.

Matthäus 26,39

»Dein Wille geschehe« – diese Bitte hat Jesus das Leben gekostet. Diese Bitte kostet auch uns das Leben. Es ist das Ende unseres Eigenwillens! Wer mit dem Messias gekreuzigt und begraben ist, der ist aufgefordert, den Willen Gottes hier auf Erden zu tun. In Gottes Willen zu leben, heißt, täglich auf seine Stimme zu hören und zu fragen: »Herr, was willst du, dass ich tun soll?«

IN GOTTES WILLEN ZU LEBEN, HEISST, TÄGLICH ZU FRAGEN: »HERR, WAS WILLST DU, DASS ICH TUN SOLL?«

In manchen christlichen Kreisen ist der Irrtum verbreitet, dass Gottes Wille immer dem entspricht, was man nicht tun will. Einige Christen entscheiden sich daher immer für das, was sie nicht wollen, in der Annahme, dass dies ja bestimmt richtig sei. Solche Denkfehler machen Menschen, weil sie den Inhalt des Neuen Bundes nicht verstehen, den sie durch Jesus mit Gott eingegangen sind.

Der Neue Bund offenbart uns den Willen Gottes, der in seiner Weisung, seiner Tora steht. Durch den Propheten Jeremia verspricht uns Gott, dass diese Weisung nicht mehr auf steinerne Tafeln, nicht auf Papier, sondern in unsere Herzen gelegt werden wird:

Ich werde mein Gesetz in ihr Inneres legen und werde es auf ihr Herz schreiben.

Jeremia 31,33

Wenn Gott seine Weisung in unser Herz gelegt hat, dann tun wir seinen Willen gern, dann ist es uns eine Freude, in seinem Willen zu leben. Wenn wir beten: »Dein Wille geschehe«, dann stellen wir uns Gott zur Verfügung: *hineini* (»Hier bin ich«). Dies ist eines der ersten Worte, die ein jüdischer Vater zu seinem ersten Kind spricht. Und es ist einer der stärksten Ausdrücke in der hebräischen Sprache für Aufmerksamkeit und die Bereitschaft, einen Auftrag mit eindeutiger Verpflichtung und Präsenz anzunehmen. So sagten Abraham, Mose, Jakob und Jesaja, als sie von Gott berufen wurden: »Sende mich, gebrauche du mich in deinem Dienst!«

Mit den ersten drei Bitten des Vaterunsers zeigt uns Jesus, was Anerkennung und Anbetung Gottes bedeuten. Wenn wir das begreifen, haben wir Zugang zum lebendigen Herzen des Vaters und können an der Seite Jesu »Abba, lieber Vater« sagen.

Diese Worte liebenden Gottvertrauens sind auch ein tragfähiger Grund für die folgenden vier Bitten.

BITTEN FÜR UNS MENSCHEN

Unser tägliches Brot

Die vierte Bitte befasst sich mit einem Grundbedürfnis: Unser tägliches Brot gib uns heute.

Das Vaterunser ist ein durchweg jüdisches Gebet. Selbst die Struktur dieses Gebets ist durch und durch jüdisch: Zuerst kommt die Anbetung. Jesus weist uns damit darauf hin, dass wir zuerst die Prioritäten Gottes suchen müssen. Einer der folgenden Verse bestätigt dies:

> Trachtet aber zuerst nach dem Reich Gottes und nach seiner Gerechtigkeit! Und dies alles wird euch hinzugefügt werden.
> *Matthäus 6,33*

Erst nach diesem Teil werden die persönlichen Bitten vorgetragen. Zum Schluss kommen Lobpreis und Danksagung. Die meisten jüdischen Gebete haben eine ähnliche Form.

DAS VATERUNSER IST EIN DURCHWEG JÜDISCHES GEBET.

Des Weiteren identifiziert sich der Betende im jüdischen Glaubensleben mit der ganzen Gemeinde: Es heißt »unser Vater« und nicht »mein Vater«. Dieser kollektivistische Gedanke ist fest im jüdischen Denken verankert. Das Leben wird von Anfang an geteilt und getragen vom Schöpfer, aber auch von den Mitmenschen. Daraus lehren die jüdischen Weisen: »*Kulam arewim säh le-säh*« – Alle Juden sind füreinander verantwortlich!

Brot war eines der wichtigsten Nahrungsmittel im alten Israel. Für andere Völker wäre es vielleicht die tägliche Schale Reis oder

der Teller Kartoffeln. Ohne Essen stirbt der Mensch. Doch welche Rolle spielt das Essen darüber hinaus im Judentum?

Exkurs: Jüdische Essensgewohnheiten

In der jüdischen Kultur ist das Essen beziehungsweise die Essgemeinschaft heilig. Man isst nicht mit jedem. Seit der Zerstörung des Zweiten Tempels betrachtet man den Tisch als Altar und die Speisen als Dankopfer. »Gedeckter Tisch« heißt auf Hebräisch *Schulchan Aruch*. Dahinter steht der Gedanke, dass Gott für uns einen Tisch mit allen möglichen Speisen gedeckt hat. Unsere Aufgabe ist nur, das Richtige auszuwählen.

Paulus schreibt: »Ob ihr nun esst oder trinkt oder sonst etwas tut, tut alles zur Ehre Gottes!« (1. Korinther 10,31). Ich frage meine christlichen Geschwister oft, wie sie dieser Anweisung von Paulus folgen würden. Wie können wir zur Ehre Gottes essen? Ich bekomme unterschiedliche Antworten, meistens heißt es, dass wir vor dem Essen beten sollen. Für Juden ist die Anweisung viel konkreter: Wir essen keine Tiere, die von Gott verboten wurden (3. Mose 11).

Was das Beten vor dem Essen betrifft, ist es gut und richtig, allerdings gibt es weder im Alten noch im Neuen Testament ein Gebot, vor dem Essen einen Segen zu sprechen, sondern stattdessen eines, nach dem Essen Gott zu danken (vgl. 5. Mose 8,10). Dieses Gebet heißt auf Hebräisch *Birkat ha Mazon* und wird von allen frommen Juden praktiziert.

Das Gebet vor dem Essen war ein Teil der mündlichen Tradition, das anscheinend von den Christen übernommen wurde, wobei ein gewisser Unterschied zwischen dem jüdischen und dem christlichen Gebet vor dem Essen besteht. Manchmal segnen Christen das Essen oder bitten Gott, die Speise zu segnen, manchmal danken sie ihm dafür oder beides.

Juden loben Gott dafür, dass er ihnen die Speise gegeben hat, und beten nicht dafür, dass er das Essen segnet, denn aus jüdischer Sicht ist alles Materielle schon von Gott gesegnet und braucht keinen zusätzlichen Segen. Im Gebet drücken Juden dem Herrn gegenüber ihre Dankbarkeit[81] für seine Versorgung aus.

Wenn man die Evangelien liest, entsteht der Eindruck, Jesus habe die Speise gesegnet, doch das liegt an einem Übersetzungsfehler, wie der israelisch-amerikanische Bibelwissenschaftler David Bivin feststellt:

> Es steht geschrieben, dass Jesus bei seinem letzten Peschamahl mit seinen Jüngern das Brot nahm, es segnete, es brach und seinen Jüngern gab (Matthäus 26,26). Da im Griechischen kein direktes Objekt nach den Verben segnete, brach und gab steht, setzen die Übersetzer danach das Wörtchen es ein, und so hat man den Eindruck, Jesus habe das Brot nicht nur geteilt und verteilt, sondern es auch gesegnet. Das ist einfach ein Irrtum.[82]

David Stern übersetzt daher so:

> Während sie aßen, nahm Jeschua ein Stück Mazah, machte die Berachah (Segensspruch), brach es, gab es dem Talmidim (Jünger) und sagte: »Nehmt! Esst! Das ist mein Leib.«[83]

Jedes feierliche Essen bei Juden beginnt mit einem Gebet beziehungsweise einem Lobspruch:

> *Baruch atta adonai elohenu, melech ha-olam, ha-mozi lechem min ha aretz.*

Gepriesen seist du, Ewiger, unser Gott; du regierst die Welt. Du lässt die Erde Brot hervorbringen.

Mit diesem Gebet erkennen wir Gott als den an, der uns am Leben erhält und mit allem versorgt.

Gott sorgt für uns

In 1. Mose 22 geht es um die Opferung Isaaks. Gott sorgt dafür, dass statt dem Jungen ein Widder geopfert wird, ein stellvertretendes Opfer. Deswegen sagt Abraham prophetisch:

> Und Abraham gab diesem Ort den Namen »Der HERR wird ersehen«, von dem man heute noch sagt: Auf dem Berg des HERRN wird ersehen.
>
> *1. Mose 22,14*

Der Ausdruck »Der HERR wird ersehen« oder »Der HERR sieht« (LUT) bedeutet im Zusammenhang der Erzählung (V. 8): Der HERR sieht nach mir, vorausschauend wählt er das aus, was künftig benötigt wird. Die Vorsorge Gottes klingt hier an. Wenn Juden beim Essen den obigen Lobspruch aufsagen, geschieht eine doppelte Handlung: Einerseits danken sie Gott für seine Versorgung, andererseits erinnert Gott Israel daran: Ich bin derjenige, der dir das Brot aus der Erde hervorbringt.

Gottes Fürsorge hat ein Ziel: »Denn des HERRN Augen durchlaufen die ganze Erde, um denen treu beizustehen, deren Herz ungeteilt auf ihn gerichtet ist« (2. Chronik 16,9).

Gott sucht Menschen, deren Herzen ihm hingegeben sind, um für sie zu sorgen! Als das Volk aus Ägypten herauszog, genossen die Israeliten nicht nur ihre Freiheit, sondern hatten gleichzeitig mit Problemen zu kämpfen. In Ägypten waren sie zwar Sklaven gewesen, aber sie hatten genug zu essen gehabt. Doch in der Wüste wuchs nichts.

2. Mose 16 erzählt, wie Gott sein Volk mit Manna versorgte. Das Manna sah aus wie Koriandersamen, sein Geschmack war wie Kuchen mit Honig. Jeder Mensch bekam pro Tag so viel Manna, dass er satt wurde. Die Verteilung des Mannas verlief nach einem bestimmten Zyklus. Am Vorabend des Schabbats gab es die doppelte Portion, damit die Menschen am Schabbat ruhen konnten. Dieser Rhythmus dauerte nicht eine Woche, nicht einen Monat, sondern vierzig Jahre!

Der jüdische Philosoph Philo von Alexandria schrieb dazu, dass man das Manna nicht aufbewahren konnte, da Gott entschieden hatte, den Israeliten stets neue Gaben zu schenken. Ich denke, dass Jesus genau diesen Gedanken im Sinn hatte, als er das Vaterunser lehrte: Wir bitten um das Brot für heute, nicht um das für morgen!

Eine jüdische Überlieferung spricht genau diese Idee aus:

> Für jeden Tag eine Tagesportion. *Ha Schem*, der diesen Tag schuf, schuf auch das Essen für diesen Tag. Wenn ein Mensch das Essen für heute hat und fragt: »Und was werde ich morgen essen?«, erweist er einen Mangel im Glauben. Wir müssen lernen, Gott täglich zu vertrauen.[84]

Die folgende Bibelstelle weist uns auf die Herkunft des Brotes hin:

> Und doch hat er den Wolken oben geboten und die Türen des Himmels geöffnet. Und hat Manna auf sie regnen lassen, dass sie es äßen, und ihnen Himmelsgetreide gegeben. Ein jeder aß Brot der Starken (d. h. Brot der Engel). Speise sandte er ihnen bis zur Sättigung.
> *Psalm 78,23-25*

Himmelsgetreide, Brot der Engel – Was ist hier gemeint? Eine Stelle in der Tora und ihre Anwendung durch Jesus helfen beim Verständnis:

> Und er demütigte dich und ließ dich hungern. Und er speiste dich mit dem Man, das du nicht kanntest und das deine Väter nicht kannten, um dich erkennen zu lassen, dass der Mensch nicht von Brot allein lebt. Sondern von allem, was aus dem Mund des HERRN hervorgeht, lebt der Mensch.
> *5. Mose 8,3*

Christen kennen diese Worte vor allem von der Versuchung Jesu in der Wüste (Matthäus 4), aber ursprünglich stammen sie aus der Tora.

Mose erklärt hier Folgendes: Das Brot, das die Israeliten täglich brauchten, erhielten sie gemäß dem Wort Gottes. Sie bekamen das Manna in der Wüste nur, weil Gott es so befohlen hat. Im Endeffekt hing ihr Leben nicht vom Brot, sondern vom schöpferischen Wort Gottes ab, das ihnen dieses Brot zuteilwerden ließ. Mose versucht, den Israeliten klarzumachen, dass sie ihr Leben nicht dem Brot, sondern ihrem Brotgeber zu verdanken hatten.

In der Geschichte der Versuchung geht Jesus auf das Angebot des Satans nicht ein und verwandelt die Steine nicht in Brot. Er zitiert genau diese Bibelstelle aus der Tora, weil es die gleiche Thematik ist. Es geht um die Versorgung, genauer gesagt um den Versorger. Jesus ist gewiss, dass sein Vater für ihn sorgt und dass er etwas zu essen bekommen wird, sobald die Prüfung beendet ist. Er muss keine Tricks anwenden, wie der Satan ihm vorschlägt. Und er erlebt diese Versorgung nach der dritten Prüfung:

> Dann verlässt ihn der Teufel, und siehe, Engel kamen herbei und dienten ihm.
>
> *Matthäus 4,11*

Das ist eine direkte Verbindung zu Psalm 78: Jesus erhält Himmelsgetreide, Brot der Engel! Daraus lernen wir: Wenn wir durch Prüfungen gehen – und Gott weiß, dass wir oft durch Prüfungen gehen müssen –, dann rufen wir Gottes Wort aus, wir halten uns an seine Verheißungen und er schickt uns seine Engel, die uns dienen werden.

Brot des Lebens

Der folgende Bibelabschnitt führt bezüglich der »Brotbitte« noch weiter:

> Da sprachen sie zu ihm: Was tust du nun für ein Zeichen, damit wir sehen und dir glauben? Was wirkst du? Unsere Väter aßen das Manna in der Wüste, wie geschrieben steht: »Brot aus dem Himmel gab er ihnen zu essen.« Da sprach Jesus zu ihnen: Wahrlich, wahrlich, ich sage euch: Nicht Mose hat euch das Brot aus dem Himmel gegeben, sondern mein Vater gibt euch das wahrhaftige Brot aus dem Himmel. Denn das Brot Gottes ist der, welcher aus dem Himmel herabkommt und der Welt das Leben gibt. Da sprachen sie zu ihm: Herr, gib uns allezeit dieses Brot! Jesus sprach zu ihnen: Ich bin das Brot des Lebens. Wer zu mir kommt, wird nicht hungern, und wer an mich glaubt, wird nie mehr dürsten.
>
> *Johannes 6,30-35*

Warum war es für Jesus wichtig, zu betonen, dass das Brot nicht von Mose stammt?

In der jüdischen Tradition lehrte man, dass eines der größten Wunder die Speisung mit Manna während der Wüstenwanderung war. Mit der Zeit verschob man den Akzent und lehrte, dass Mose das Manna für das Volk aus dem Himmel geholt hatte. Genau diese Meinung korrigierte Jesus.

Die Rabbis lehrten: Wenn der Messias kommt, dann wird er auch das Wunder der Brotspeisung vollbringen. Sie glaubten, dass mit dem Kommen des Messias das Olam ha Ba anbrechen würde, die kommende zukünftige Welt. Daher lehrten sie, dass das Brot die Speise der zukünftigen Welt sein wird, nur für die Menschen bestimmt, die diese Welt erben werden.

Gerade diese Idee der Rabbis greift Jesus auf, wenn er sagt: »Ich bin das Brot des Lebens« (Johannes 6,35). Mit anderen Worten: »Ich bin der, der euch den Weg in die kommende Welt öffnet.«

Brot steht für das Hauptnahrungsmittel, in der Wüste ernährten die Israeliten sich nur vom Manna, es war lebensnotwendig. Genauso brauchen wir Jesus für unser geistliches Leben.

An einer anderen Stelle verkündet Jesus mit Blick auf die kommende Welt etwas Ähnliches:

> Wer mein Fleisch isst und mein Blut trinkt, hat ewiges Leben, und ich werde ihn auferwecken am letzten Tag.
>
> *Johannes 6,54*

Sicher geht es hier nicht um Kannibalismus! Und höchstwahrscheinlich auch nicht um die Transsubstantiation.[85] Sein Fleisch zu essen und sein Blut zu trinken, bedeutet, Jesu ganzes Wesen und Sein in sich aufzunehmen. Jesus will, dass wir leben, fühlen, denken und handeln wie er; und er befähigt uns dazu durch die Kraft des Heiligen Geistes!

Vergib uns unsere Schuld(en)

Die fünfte Bitte des Vaterunsers lautet: »Vergib uns unsere Schulden, wie auch wir unseren Schuldnern vergeben haben.« In der jüdischen Literatur findet sich eine Parallele zu dieser Aussage im Buch Jesus Sirach:

> Vergib deinem Nächsten sein Unrecht, so werden auch dir deine Sünden vergeben, wenn du darum betest. Ein Mensch hält gegen den andern am Zorn fest – und will beim Herrn Heilung suchen? Er ist unbarmherzig gegen seinesgleichen – und will für seine eigenen Sünden bitten?
>
> *Jesus Sirach 28,1-3*

Diese Worte klingen dem sehr ähnlich, was Jesus in den Evangelien lehrt.

(Geld-)Schuld oder Sünde?

Um die Stelle besser zu verstehen, möchte ich eine Parallelstelle und eine weitere Bibelübersetzung hinzuziehen:

> Und vergib uns unsere Schuld (ὀφειλήματα), wie auch wir vergeben unsern Schuldigern.
>
> *Matthäus 6,12; LUT*

> Und vergib uns unsre Sünden (ἁμαρτίας); denn auch wir vergeben jedem, der an uns schuldig wird.
>
> *Lukas 11,4; LUT*

> Und vergib uns unsere Sünden (ἁμαρτίας), denn auch wir selbst vergeben jedem, der uns schuldig ist.
>
> *Lukas 11,4; ELB*

Matthäus benutzt das griechische Wort *opheilēma*, das »Geldschulden« bedeutet, Lukas verwendet dagegen *hamartía*, den Begriff für »Verfehlung«, »Sünde«. Im aramäischen *chowa* ist beides enthalten. Aus jüdischer Sicht sind beide Aspekte miteinander verschmolzen. Es geht sowohl ganz grundlegend um finanzielle Schulden als auch um weitergehende Verpflichtungen.

Schuld, Verfehlung und Umkehr sind zentrale Themen der Hebräischen Bibel. Zur Zeit des Zweiten Tempels spielten die Opfer eine wichtige Rolle in der Kommunikation zwischen Gott und Mensch. Nach der Zerstörung des Tempels 70 n. Chr. traten Gebete an die Stelle der Opfer, zum Beispiel das bereits erwähnte *Awinu Malkenu*, welches am Versöhnungstag gebetet wird.

> Unser Vater, unser König, verzeihe
> und vergib alle unsere Sünden!
> Unser Vater, unser König, lösche aus
> und beseitige unsere Frevel vor deinen Augen!
> Unser Vater, unser König, zerreiße das Böse
> des über uns verhängten Urteils!
> Unser Vater, unser König, tilge in deinem
> großen Erbarmen alle unsere Schuldurkunden!
> Unser Vater, unser König, gedenke, dass wir Staub sind!
> Unser Vater, unser König, gedenke unser in Güte vor dir!

Auch im täglichen Gebet, der *Amida*[86], kommt die Bitte um Vergebung zum Ausdruck. So heißt es in der zehnten Bitte:

> Verzeihe uns, unser Vater, denn wir haben gesündigt, vergib uns, unser König, denn wir haben gefrevelt, denn du vergibst und verzeihst. Gelobt seist du, Ewiger, der du gnädig immer wieder verzeihst![87]

Die fünfte Bitte des Vaterunsers im Matthäusevangelium ist eine klare Botschaft: Die Vergebung von Gott ist mit der Vergebung für Menschen verknüpft. Dieser Gedanke wird von Jesus im weiteren Verlauf noch einmal ganz deutlich ausgesprochen:

> Denn wenn ihr den Menschen ihre Vergehungen vergebt, so wird euer himmlischer Vater auch euch vergeben; wenn ihr aber den Menschen nicht vergebt, so wird euer Vater eure Vergehungen auch nicht vergeben.
>
> *Matthäus 6,14-15*

Diese Ansicht finden wir auch in der rabbinischen Tradition. An *Jom Kippur*, dem Versöhnungstag, gewährt Gott die Vergebung der Sünden, die wider ihn begangen wurden. Die Sünden wider andere Menschen werden erst dann vergeben, wenn zuvor eine Versöhnung stattgefunden hat.

> Sünden des Menschen gegen Gott sühnt der Versöhnungstag, Sünden des Menschen gegen seinen Nebenmenschen sühnt der Versöhnungstag nicht, bis man dessen Verzeihung erlangt hat.[88]

Eine sehr ähnliche Aussage wie im Vaterunser, jedoch bezüglich Barmherzigkeit, steht in der jüdischen Überlieferung:

> Immer wenn du dich über die Menschen erbarmst, erbarmt man sich über dich vom Himmel her. Wenn du dich nicht über die Menschen erbarmst, erbarmt man sich auch nicht über dich vom Himmel her. [89]

Was ist Sünde?

Um besser zu verstehen, was Sünde ist, habe ich verschiedene Begriffe auf Hebräisch und Griechisch unter die Lupe genommen. In der hebräischen Sprache bedeutet das Wort Sünde חטא (*Chet*) »vorbei-« oder »fehlschießen«. Sündigen heißt somit »vom richtigen Weg abweichen«. Die Tora erklärt uns, welcher Weg der richtige ist. Wenn wir von diesem Weg abkommen, sündigen wir.

In der griechischen Sprache gibt es vier Begriffe für Sünde: *harmatia*, *parabasis*, *anomia* und *opheilēma*.

1. **Hamartia** (ἁμαρτία)
   Hamartia vermittelt den folgenden Gedanken: Der Mensch ist nach dem Bild Gottes geschaffen worden. Gott hat sehr viele Eigenschaften in den Menschen hineingelegt, die von ihm zeugen: Liebe, Freude, Friede, Güte, Vertrauen … Je weniger wir von diesen Charakterzügen verinnerlichen, desto weiter sind wir von Gott entfernt.
2. **Parabasis** (παράβασις)
   Parábasis bedeutet, eine Linie zu überschreiten. Sünde ist oft das Überschreiten der Grenze zwischen Gut und Böse.
3. **Anomia** (ἀνομία)
   Anomia bedeutet Gesetzlosigkeit. Im jüdischen Verständnis ist dies das Leben ohne Tora. Sehr oft verwendet Paulus diesen Begriff in seinen Briefen. Heutzutage leben viele Menschen, ohne die Gesetze Gottes überhaupt zu kennen.
4. **Opheilēma** (ὀφειλήμα)
   Opheilēma bedeutet die Unfähigkeit, eigene Schulden zurückzuzahlen. Ein Beispiel für *opheilēma* sehen wir in Psalm 49,8-9: »Niemals kann ein Mann seinen Bruder loskaufen, nicht kann er Gott sein Lösegeld geben – denn zu kostbar ist das Kaufgeld für ihre Seele, und er muss davon ablassen auf ewig.«

Gegenseitiges Vergeben

In dieser Bitte des Vaterunsers steckt eine ungeheure Anforderung an uns, und zwar, dass wir den Menschen vergeben müssen. Sowohl die Tora als auch das Neue Testament lehren uns, dass diese Worte mit unserer Existenz zu tun haben.

WENN WIR BETEN: »VERGIB UNS UNSERE SÜNDEN«, DANN BETEN WIR: »STELLE BITTE UNSER LEBEN WIEDER HER!«

Die Sünde bedeutet Tod und die Vergebung der Sünde bedeutet Leben. Wenn wir beten: »Vergib uns unsere Sünden«, dann beten wir: »Stelle bitte unser Leben wieder her!«, genau so, wie ich durch die Vergebung das Leben eines anderen Menschen wiederherstelle. Das zu begreifen, bringt eine große Befreiung. Der nächste Schritt wäre, es zu praktizieren.

Doch allein das Begreifen dieses geistlichen Gesetzes bringt schon einen großen Gewinn. Es macht den Unterschied zwischen denen, die Gottes Einsicht mit den Menschen verstanden haben, und denen, die sie ablehnen. Der Unterschied gleicht der Differenz zwischen Dostojewski und Nietzsche.

Dostojewski schrieb: »Die ganze Welt ist nicht einmal eine einzige Träne auch nur des einen gequälten Kindes wert.«[90] Und Nietzsche meinte: »Vergebung und Moral sind die Merkmale der menschlichen Schwäche und zum Verschwinden verurteilt.«[91]

»Vergib uns unsere Schulden, wie auch wir unseren Schuldnern vergeben haben«, ist eine riskante Bitte! Eigentlich sagen wir Gott, dass er uns nicht vergeben soll, wenn wir den anderen nicht vergeben. Was passiert, wenn Gott uns nach dem Maß richtet, nach dem wir andere Menschen richten?

Hier stellt sich die Frage, wie man vergeben sollte. Sie ist sehr ernst, aber nicht besonders neu. Schon Petrus fragte seinen Meister:

Dann trat Petrus zu ihm und sprach: Herr, wie oft soll ich meinem Bruder, der gegen mich sündigt, vergeben? Bis siebenmal?

Matthäus 18,21

Warum siebenmal? Die Rabbiner lehrten: Man muss einem Menschen viermal vergeben. Hier macht Petrus nach seinem Maßstab die höchste Steigerung. Als Antwort erzählt ihm Jesus ein Gleichnis, das gerade diese Frage beleuchtet – was wiederum typisch jüdisch ist.

Bei einem Angestellten stimmte die Kasse nicht. Es fehlten Millionen. Der Angestellte konnte dies mit dem eigenen Geld nicht ausgleichen. Er bat um Zeit und sein Chef hatte Erbarmen. Er erließ ihm den ganzen Schuldbetrag. Der Angestellte hatte jedoch einen Kollegen, dem er viel Geld geliehen hatte. Nun verlangte er, dass dieser seine Schuld sofort zurückzahlte. Der Kollege bat ebenfalls um etwas Zeit, aber vergebens. Der Angestellte ließ ihn ins Gefängnis stecken. Als der Chef von seinem unbarmherzigen Verhalten erfuhr, bestrafte er ihn sehr hart.

Das Originalgleichnis steht in Matthäus 18,21-25 und ist bekannt unter dem Titel »Der Schalksknecht«. Der Schalksknecht hatte alles in seinem Leben verspielt. Er war unbarmherzig und gierig. Das Ergebnis war die totale Niederlage:

Und sein Herr wurde zornig und überlieferte ihn den Folterknechten, bis er alles bezahlt habe, was er ihm schuldig war.

Matthäus 18,34

Jesus erläutert:

So wird auch mein himmlischer Vater euch tun, wenn ihr nicht ein jeder seinem Bruder von Herzen vergebt.

Matthäus 18,35

Die Macht der Vergebung

Jesus weiß, dass die Vergebung eine außerordentlich befreiende Kraft hat. Wenn ein Mensch zur Vergebung sogar der abscheulichsten Tat fähig ist, geschieht eine immense Befreiung!

VERGEBUNG HAT EINE AUSSERORDENTLICH BEFREIENDE KRAFT – JESUS WEISS DAS.

Unser Messias hat uns diese Vergebung vorgelebt. Die römischen Soldaten, die ihn kreuzigten, waren sich ihres Unrechts, der Herzlosigkeit und der Brutalität ihrer Taten nicht bewusst. In ihren Augen war er nur einer von vielen. Sie hatten schon sehr viele Juden gekreuzigt, aus ihrer Sicht musste jede jüdische messianische Hoffnung unterdrückt werden. Und der Herr betete: »Vater, vergib ihnen! Denn sie wissen nicht, was sie tun« (Lukas 23,34).

Lassen Sie uns das Beispiel Jesu ernst nehmen. Ich hoffe und bete, dass keiner von uns einer derartigen Brutalität ins Auge schauen muss. Aber ich glaube, dass unsere Beziehungen zu unseren Nächsten ein Spiegel unserer Beziehungen zu Gott sind. Deshalb sind wir auch fähig, zu vergeben.

Lass uns nicht in Verführung geraten, sondern erlöse uns von dem Bösen

In den meisten deutschen Übersetzungen finden wir eine andere Formulierung der sechsten Bitte als in der Überschrift: »Führe uns nicht in Versuchung, sondern erlöse uns von dem Bösen.« (LUT)

Jeden Sonntag wird dieser Satz von Millionen Christen gebetet. Es wäre schwierig, die gewohnte Aussage infrage zu stellen oder anders auszudrücken. Deswegen möchte ich zunächst gerade diese althergebrachte Ausdrucksweise unter die Lupe nehmen und durch die jüdische Brille lesen.

Der Satz ist ein klassisches Beispiel für »hebräischen Parallelismus«. Die Theologen nennen eine solche Satzkonstruktion *parallelismus membrorum*. Das ist die grundlegende Struktur der semitischen Poesie, besonders der Psalmen. Zwei aufeinander folgende Zeilen bilden einen Gedanken- oder Bildreim, indem sie das Gleiche mit jeweils anderen Worten oder Bildern sagen.

Martin Luther wird der Ausspruch zugeschrieben: »Mit der fünften Bitte lege ich mich schlafen und mit der sechsten stehe ich auf.« Damit meinte er, dass wir am Ende jedes Tages die Vergebung Gottes nötig haben, um in Ruhe und Frieden schlafen zu können. Ebenso wichtig aber ist für uns am Beginn eines neuen Tages, dass Gott uns mit seiner bewahrenden Macht umgibt, damit wir in den Versuchungen des täglichen Lebens nicht untergehen.

Dazu gibt es eine interessante Parallele aus dem Siddur, ein Gebet vor dem Zubettgehen:

> Möge es dir gefallen, o Herr mein Gott, mich in Frieden hinzulegen, und gib mir Anteil an deinem Gesetz. Lehre mich deine Anordnungen zu befolgen und nicht die Übertretungen. Bring mich nicht in den Bereich der Sünde noch in den Bereich des Unrechts noch in den Bereich der Versuchung noch Ungnade. Möge der gute Einfluss (Anm. Jezer ha Tov) über mich herrschen. Möge der böse Einfluss (Anm. Jezer ha Ra) keine Macht über mich besitzen und erlöse mich vom Kontakt mit dem Bösen.[92]

Gottes Prüfungen

Auf Griechisch lautet dieser Abschnitt aus dem Vaterunser:

καὶ μὴ εἰσενέγκῃς ἡμᾶς εἰς πειρασμόν, ἀλλὰ ῥῦσαι ἡμᾶς ἀπὸ τοῦ πονηροῦ

Das griechische Wort πειρασμός (*peirasmós*), lässt sich auf unterschiedliche Weise übersetzen: »Versuchung, Prüfung, Zerreißprobe, Verrat an Gott«. Das hebräische Wort für Prüfung *nisajon* bedeutet immer »Prüfung« oder »Test«. So steht im Talmud:

> Mit zehn Prüfungen ward unser Vater Abraham geprüft, und er bestand sie alle, um kundzutun, wie groß die Liebe unseres Vaters Abraham war.[93]

Gerade in Bezug auf Abraham weist die jüdische Tradition darauf hin, dass diese Prüfungen in sich Erfahrungen waren oder es das Ziel der Prüfungen war, Erfahrungen zu sammeln. Die Prüfungen übernehmen sozusagen die Aufgabe der Erziehung durch Erfahrungen. Und Erfahrungen bekommt man durch komplizierte Lebensaufgaben, die gelöst werden müssen. Manchmal sind das Aufgaben, die den Vorstellungen des Geprüften widersprechen.

DAS ZIEL VON GOTTES PRÜFUNGEN WAR ES, ERFAHRUNGEN MIT IHM ZU SAMMELN.

Nisajon ist auch mit der Wortwurzel *nasa* (erhöhen) verbunden. Das bedeutet, durch die erwähnten schweren Prüfungen erhöhte Gott Abraham und gab ihm eine neue geistliche Perspektive.[94] Die Luther-Übersetzung bezeichnet die Begebenheit mit Abraham dagegen als »Versuchung« (1. Mose 22,1), ebenso die Prüfung Jesu in der Wüste (Matthäus 4,1).

Die vorigen Bitten haben uns gezeigt, dass Gott in Partnerschaft mit den Menschen arbeitet. Das heißt, bei jeder Bitte gibt es unseren Anteil, den Part, den wir erfüllen müssen. So ist es auch hier. Um Sünde zu vermeiden, sollte man sich nicht selbst in Situationen bringen, in denen man einer Versuchung ausgesetzt ist.

In den Psalmen findet sich eine Parallele dazu: »Befestige meine Schritte durch dein Wort, und gib keinem Unrecht Macht über mich« (Psalm 119,133).

Die jüdische Überlieferung empfiehlt:

> Ein Mensch sollte sich niemals dem Zugriffsbereich der Versuchung selbst aussetzen; denn als David, der König Israels, sich selbst der Versuchung aussetzte, strauchelte er.[95]

Das heißt: Unsere sündige Natur, der *Jezer ha Ra*, kann uns in Versuchung führen!

Auch den Essenern war dieses Thema nicht fremd. In den Qumran-Rollen steht: »Führe mich nicht in Versuchungen, die zu schwer für mich sind.«[96]

Diese jüdischen Ausführungen und Gebete helfen uns, das Vaterunser besser zu verstehen. Jesus lehrt seine Nachfolger beten, dass sie von der bösen Herrschaft befreit werden, die einen Menschen beeinflussen und ihn in die berauschende Macht der Sünde bringen kann. Paulus führt dies in seinem Brief an die Gemeinde in Korinth aus:

> Keine Versuchung hat euch ergriffen als nur eine menschliche; Gott aber ist treu, der nicht zulassen wird, dass ihr über euer Vermögen versucht werdet, sondern mit der Versuchung auch den Ausgang schaffen wird, sodass ihr sie ertragen könnt.
>
> *1. Korinther 10,13*

Der Apostel weiß, dass nur Gott aus der Versuchung helfen kann. Er gibt uns die Mittel zur Überwindung.

Ein berühmter Professor für das Neue Testament, Klaus Wengst, übersetzt diese Bitte: »Und führe uns nicht in Anfechtung, sondern beschütze uns vor dem Bösen.« Damit bittet er um Bewahrung vor Situationen, wie sie Abraham, Hiob, Jesus und Petrus erlebt haben:

> Die sechste Bitte hat bedrängende Situationen im Blick, verursacht durch Krankheit, unglückliche Umstände, böswillige Mitmenschen, eigene Unzulänglichkeit. Solche Situationen werden nicht herbeigewünscht. Aber sie kommen im Alltag vor. In dieser Bitte wird darum gebetet, davor verschont zu werden.[97]

Anfechtungen sind Prüfungen von Gott, die uns im Glauben stärken sollen, während uns in der Versuchung das Böse verführt und von Gott abbringen will. Gott prüft. Er stellt die Menschen auf den Prüfstand. In der Bibel finden wir zahlreiche Beispiele solcher Prüfungen, angefangen von Abraham über das Volk in der Wüste bis hin zu den Jüngern, deren Glaube durch die Wellen des Sturms geprüft wird. Diesen Gedanken greift Jakobus auf:

> Haltet es für lauter Freude, meine Brüder, wenn ihr in mancherlei Versuchungen geratet, indem ihr erkennt, dass die Bewährung eures Glaubens Ausharren bewirkt. Das Ausharren aber soll ein vollkommenes Werk haben, damit ihr vollkommen und vollendet seid und in nichts Mangel habt.
> *Jakobus 1,2-4*

In der Bitte um Bewahrung im Vaterunser geht es nicht in erster Linie um Bewahrung vor Anfechtung, sondern um Bewahrung vor der Versuchung, die uns von Gott abbringen will. Dietrich Bonhoeffer bringt es auf den Punkt:

> Entweder wir werden versucht in Adam oder wir werden versucht in Christus. Entweder der Adam wird in uns versucht, dann kommen wir zu Fall. Oder der Christus wird in uns versucht, dann muss der Satan fallen.[98]

Beim Thema »Dein Reich komme« haben wir klargestellt, dass das Reich sich mit dem Kommen des Messias ausbreitet. Die Kraft des Messias überwindet die Unreinheit der Sünde. Auf Golgatha begab sich Jesus in die unreinste Sphäre des Universums, das Totenreich. Wenn er dort geblieben wäre, wäre das die größte geistliche Niederlage der Menschheitsgeschichte gewesen. Er, der behauptete, der Menschensohn zu sein (Daniel 7), wäre für ewig in den unreinen Sphären des Todes geblieben. Aber er kam zurück. Er kam als Sieger! Der Besiegte bleibt liegen, Sieger ist der, der zurückkommt. Durch seine Auferstehung hat Jesus den Tod besiegt und – das ist im Moment das Wichtigste – in seiner Auferstehung liegt unser Sieg über die Versuchung.

Somit heißt »Führe uns nicht in Versuchung«: »Lass bitte nicht zu, dass wir wegen unserer Sünde wieder unrein werden!« »Erlöse uns von dem Bösen« bedeutet: »Ich wünsche mir, dass Unreinheit, Sünde und Gesetzlosigkeit niemals mehr ein Teil meines Lebens werden.«

Woher kommen Versuchungen?

Für die praktische Anwendung dieser Bitte ist es wichtig, zu wissen, aus welchen Bereichen die Versuchung in unser Leben kommt.

1. **Unsere Umgebung**
   Manchmal kommt die Versuchung aus der Umgebung wie bei Lot. Er wählte die Gegend der Stätte der Jordanebene und zog mit seinen Zelten bis in die Nähe von Sodom. Später saß er bei den Stadttoren. Er war also vollkommen integriert in die Gesellschaft dieser sündigen Stadt. Er war bewusst in die Gefahr gezogen.

2. **Vergleichen**
   Vergleiche führen sehr leicht in Versuchung. Wir können uns auf zwei Arten vergleichen: Beim »Vergleich nach unten« beruhigen wir uns, wenn wir etwas Falsches tun, mit der Formel: »Alle anderen machen es auch so. Warum sollte ich mich von ihnen unterscheiden?« Dadurch stumpft das Gewissen ab, wir bitten Gott nicht um Vergebung und sind noch anfälliger für Versuchung. Wir tun das Böse.
   Beim »Vergleich nach oben« unterschätzen wir unser Potenzial. Zum Beispiel sagen wir: »Ich kann nie so werden wie X oder Y. Er ist so gläubig! Sie ist so hingegeben.« Dadurch berauben wir uns der Energie für positive Handlungen und Veränderungen. Wir resignieren in Bezug auf eine Sünde und meinen, dass wir uns nie ändern können werden, oder wir laufen der Versuchung entgegen, nicht dort zu handeln, wo unser Tun gerade gefragt ist, also das Gute nicht zu tun, das wir tun sollten. Beide Arten von Vergleichen sind kontraproduktiv, denn mit jedem von uns hat Gott seine Pläne und geht unterschiedliche Wege.[99] Jeder Mensch ist einmalig.

3. **Überschätzung**
   Selbstüberschätzung ist eine weitere Falle. Wir sollen nie glauben, dass wir vor jeder Versuchung sicher sind. Als Petrus selbstsicher sagte: »Herr, ich werde dich niemals verleugnen!«

(vgl. Markus 14,31), musste er wenige Stunden später seine Worte bitter bereuen.

Schutz vor Versuchungen

Die Bibel bietet uns mit ihren Beispielen einen Schutz vor Versuchungen.

1. **Gesundes Selbstbewusstsein**
   Die jüdische Überlieferung sagt: Jeder Mensch sollte zwei Zettel in seinen Taschen tragen. Auf dem einen steht: »Du bist Staub«, auf dem anderen: »Für dich wurde diese wunderschöne Welt geschaffen.« Die Zettel muss man abwechselnd lesen, um zu einem gesunden geistigen Gleichgewicht zu kommen. Dies ist wichtig, um weder überheblich noch mit Minderwertigkeitsgefühlen durchs Leben zu gehen.
   Im Buch Nehemia lesen wir, wie dem Propheten angeboten wird, sich vor den Feinden im Tempel zu verstecken. Nehemia widersteht der Versuchung mit den Worten: »Ein Mann wie ich sollte davonlaufen? Und wer von meinesgleichen könnte in den Tempel hineingehen und am Leben bleiben? Ich gehe nicht mit hinein!« (Nehemia 6,11).
   Ein gesundes Selbstbewusstsein erreichen wir dadurch, dass wir uns immer wieder daran erinnern, wer wir in Jesus sind: »So viele ihn aber aufnahmen, denen gab er das Recht, Kinder Gottes zu werden, denen, die an seinen Namen glauben« (Johannes 1,12).
   Für die Menschen, die immer wieder in die gleiche Versuchung geraten und nicht widerstehen können, gilt das biblische Sprichwort: »Es ist ihnen aber nach dem wahren Sprichwort ergangen: Der Hund kehrt wieder um zu seinem eigenen Gespei, und: Die gewaschene Sau zum Wälzen im Kot« (2. Petrus 2,22).

Wir sind jedoch keine Schweine, die einem Instinkt folgen, sondern Töchter und Söhne des lebendigen Gottes, gewaschen im Blut des Messias! Sein stellvertretender Tod hat die Macht der Sünde gebrochen. In diesem Leben werden wir nie ganz frei von Sünde leben können, aber Gott möchte uns jeden Tag dabei helfen, seinen Willen zu tun. Das ist die Balance aus Gnade und Gesetz.

2. **Gute Traditionen**

   Wir sehen im Neuen Testament, dass Jesus und Paulus jüdische Traditionen pflegten: »Und er kam nach Nazareth, wo er erzogen worden war; und er ging nach seiner Gewohnheit am Sabbattag in die Synagoge und stand auf, um vorzulesen« (Lukas 4,16). Und: »Nach seiner Gewohnheit aber ging Paulus zu ihnen hinein und unterredete sich an drei Sabbaten mit ihnen aus den Schriften (Apostelgeschichte 17,2).

   Folgende Traditionen möchte ich empfehlen:

   Ruhetag: Es gab kein Gesetz, am Schabbat in die Synagoge zu gehen, aber es ist eine gute jüdisch-biblische Tradition, sich am Schabbat um das Wort Gottes zu versammeln. Es ist sehr wichtig, einen Tag der Ruhe und der Anbetung Gottes zu haben.

   Gemeinschaft pflegen: Wenn Sie mit Freunden zusammen sind, reden Sie bitte nicht nur über Ihre Krankheiten, über Steuererhöhungen oder Versicherungen. Reden Sie über die Wege, die Gott mit Ihnen geht. Man kann so viel Ermutigendes erzählen!

   Zedaka: Den hebräischen Begriff *zedaka* übersetzt man am besten mit »Gerechtigkeit üben«. Eine Facette davon ist, Geld für einen guten Zweck zu spenden. In jedem frommen jüdischen Haus steht eine Sparbüchse mit der Aufschrift: *zedaka*. Wenn man täglich eine kleine Summe hineinlegt, widersteht man der

Versuchung, geizig zu sein und nichts zu geben. Auch kleine Kinder werden gelehrt, etwas von ihrem Taschengeld hineinzulegen.

Reflexion am Abend: Es ist empfehlenswert, vor dem Schlafengehen den Tag Revue passieren lassen und zu beten.

Die Versuchung hat erst dann ein Ende, wenn unser Messias wiederkommt. Deshalb brauchen wir Ausdauer. Das Böse hat immer ein Ziel: Es will uns von Gott abbringen und in seine Herrschaft ziehen. Die Vielfalt der Versuchungen ist grenzenlos. Die Prüfung dagegen kommt von Gott und hat das Ziel, unsere Beziehungen mit dem Herrn auf ein neues Level zu bringen. Indem wir Gott vertrauen, aber auch durch unseren Gehorsam gegenüber seinem Wort können wir der Versuchung widerstehen. Unser Vater im Himmel hat versprochen, keine Anfechtungen zuzulassen, die wir nicht ertragen können (1. Korinther 10,13).

WIR WIDERSTEHEN VERSUCHUNGEN, INDEM WIR GOTT VERTRAUEN UND DURCH UNSEREN GEHORSAM GEGENÜBER SEINEM WORT.

Mit dem Vaterunser bitten wir Gott um die Fähigkeit, Versuchungen zu erkennen, und um die Kraft, sie zu überwinden und stattdessen seine Wege zu gehen.

Gott führt nicht in Versuchung

Die Formulierung »führe uns nicht in Versuchung« erscheint mir falsch. Es widerspricht meinem Gottesbild, dass Gott gebeten werden muss, uns nicht in Versuchung zu führen. Wir vertrauen Gegenwart, Vergangenheit und Zukunft der Gnade Gottes an! Wie könnte oder wollte Gott uns in Versuchung führen? Manche Theologen schlagen vor, stattdessen zu übersetzen: »Führe uns in der Versuchung.« Das entspricht aber nicht dem Sinn des Verses, denn es geht doch offenbar darum, gar nicht erst in Versuchung zu geraten. Die bessere Übersetzung wäre dann: »Führe uns an der Versuchung vorbei.«

Noch besser gefallen mir aber die Erläuterung und der Vorschlag von Winfried Gotter, die er im Juli 2017 in einer Predigt ausgeführt hat:

> Die Bitte aus dem Vaterunser »und führe uns nicht in Versuchung« ist falsch übersetzt und wurde komischerweise nie korrigiert, weil hier der Klerus immer das Volk am Wickel hatte. (»Wenn das der liebe Gott sieht!« – der Ablasshandel blühte dadurch.) Wörtlich übersetzt heißt der Satz »Lass uns nicht in Verführung gelangen beziehungsweise geraten.« Führe uns auf unserem Weg, sodass wir nicht ins Straucheln geraten, denn ich bin schwach; befreie uns vielmehr von dem Teufel, der versuchen kann und will …
>
> Versuchung ist immer auf die Zukunft ausgerichtet und diese ist unserem Handeln entzogen. Das Wort Versuchung hat dabei in unseren Ohren einen etwas schlechten Klang, weil es bedeutet, jemand zum Bösen zu verführen. Das Wort im griechischen Urtext des Neuen Testaments *peirázein* wäre daher oftmals besser mit »prüfen« (im Sinne von »auf die Probe stellen«) als mit »versuchen« übersetzt. Nach NT-Verständnis bedeutet »jemanden versuchen« nicht so sehr, ihn zur Sünde zu verführen, als vielmehr seine Stärke, seine Treue und seine Bereitschaft, zu dienen, auf die Probe zu stellen.

Ich freue mich, dass ich nicht der Einzige bin, der die Formulierung »Führe uns nicht in Versuchung« unpassend findet.

SCHLUSSFORMEL IM VATERUNSER

Wir haben das Zentrum des Evangeliums von Matthäus, die Bergpredigt, erreicht, sind in die Tiefe vorgedrungen und haben seine geistliche Mitte, das Vaterunser, aus hebräischer Sicht studiert. Bei Lukas schließt das Gebet mit der letzten Bitte. Bei Matthäus fügen manche Handschriften einen Schlusssatz hinzu, der heute ein fester Bestandteil des Herrengebets ist:

> Denn dein ist das Reich und die Kraft und die Herrlichkeit in Ewigkeit. Amen.

Wir wissen auch, dass in der Didache dieser Satz ein fester Bestandteil der Liturgie in den ersten jüdisch-christlichen Gemeinden ist. Dieser Schlusssatz wird sowohl im christlich-orthodoxen Gottesdienst als auch im katholischen nur vom Priester gesprochen. Er wird Doxologie genannt, abgeleitet vom altgriechischen δόξα (*dóxa*: »Herrlichkeit«, »Ehre«). Doxologie bezeichnet somit das feierliche Rühmen der Herrlichkeit Gottes, die oft das Gebet abschließt.

Im Judentum finden wir auch dazu Parallelen, zum Beispiel in einem Gebet von David:

> Gepriesen seist du, HERR, Gott unseres Vaters Israel, von Ewigkeit zu Ewigkeit! Dein, HERR, ist die Größe und die Stärke und die Herrlichkeit und der Glanz und die Majestät; denn alles im Himmel und auf Erden ist dein. Dein, HERR, ist das Königtum, und du bist über alles erhaben als Haupt. Und

> Reichtum und Ehre kommen von dir, und du bist Herrscher über alles. Und in deiner Hand sind Macht und Stärke, und in deiner Hand liegt es, einen jeden groß und stark zu machen.
> *1. Chronik 29,10-12*

Vergleichbares findet sich ebenfalls in der rabbinischen Literatur und im Siddur.

Das Reich und die Kraft

Wenn der Messias wiederkommt, wird er sein Reich aufrichten: das messianische Reich. Dann werden die letzten Verheißungen Gottes in Erfüllung gehen, zum Beispiel die folgende:

> Denn es steht geschrieben: »So wahr ich lebe, spricht der Herr, mir wird sich jedes Knie beugen, und jede Zunge wird Gott bekennen.«
> *Römer 14,11*

Die Erfüllung dieses Wortes ist nichts anderes als die Aufrichtung des Reiches Gottes. Zur Wirklichkeit dieses Reiches gehört die Kraft Gottes. Paulus schreibt in seinem Brief an die Korinther:

> Denn das Reich Gottes besteht nicht im Wort, sondern in Kraft.
> *1. Korinther 4,20*

Es ist die Kraft des *Ruach Ha Kodesch*, des Heiligen Geistes. Vor seiner Himmelfahrt sagt Jesus seinen Jüngern:

> Aber ihr werdet Kraft empfangen, wenn der Heilige Geist auf euch gekommen ist; und ihr werdet meine Zeugen sein, sowohl in Jerusalem als auch in ganz Judäa und Samaria und bis an das Ende der Erde.
>
> *Apostelgeschichte 1,8-9*

Und tatsächlich kam die Kraft Gottes an *Schawuot* (Pfingsten) über die jüdischen Jünger Jesu. Durch diese Kraft konnten sie das Evangelium in der ganzen Welt verbreiten!

Die Herrlichkeit

Es gibt im Hebräischen unterschiedliche Begriffe für Herrlichkeit. Die Hebräische Bibel verwendet das Wort *Kavod*, das etwas mit Gewicht zu tun hat. In der rabbinischen Literatur wird oft das Wort *Schechina* verwendet, das man mit »Gottes Heimstätte auf Erden« übersetzen kann. *Schechina* ist eine sichtbare Manifestation Gottes in dieser Welt.

Eine der eindrücklichsten Erscheinungen der *Schechina* beschreibt die berühmte Vision von Jesaja:

> Da sah ich den Herrn sitzen auf hohem und erhabenem Thron, und die Säume seines Gewandes füllten den Tempel. Serafim standen über ihm. … Und einer rief dem andern zu und sprach: Heilig, heilig, heilig ist der HERR der Heerscharen! Die ganze Erde ist erfüllt mit seiner Herrlichkeit!
>
> *Jesaja 6,1-3*

Die *Schechina* wird von Glanz und Licht begleitet. Paulus schreibt über sie:

> Denn zur richtigen Zeit wird Christus vom Himmel her offenbart werden durch den gnädigen und allein allmächtigen Gott, den König der Könige und Herrn der Herren. Nur er allein wird nie sterben, und er wohnt in einem Licht, zu dem niemand kommen kann. Niemand hat ihn je gesehen oder kann ihn sehen. Ihm sei Ehre und Macht in alle Ewigkeit! Amen!
>
> *1. Timotheus 6,15-16; NLB*

Die *Schechina* begleitete das Volk Israel auf seiner Wüstenwanderung. Die folgenden sind nur einige der wichtigsten Momente der Geschichte Israels, an denen die Herrlichkeit Gottes sehr präsent war:

- Bei der Berufung von Mose in der Wüste (2. Mose 3)
- Durch die Feuerwolke, die die Israeliten aus der Knechtschaft aus Ägypten führte und in der Wüste vierzig Jahre lang begleitete (2. Mose 13)
- Bei der Einweihung der Stiftshütte (2. Mose 40)

Auch im Neuen Testament erscheint die Herrlichkeit Gottes in den bedeutendsten Momenten der Geschichte:

- Bei der Geburt des Messias (Lukas 2,13-14)
- Bei der Verklärung Jesu (Matthäus 17,2)
- Bei der Berufung von Paulus (Apostelgeschichte 9)

Im Buch der Offenbarung lesen wir, dass das neue Jerusalem von der *Schechina* erleuchtet wird (Offenbarung 21,10-27).

Amen

Es gibt noch ein wichtiges Wort am Schluss des Gebets: Amen. Mit dem Amen gibt die Gemeinde die Bestätigung, dass sie ganz hinter dem Gesagten steht und es zu ihrer eigenen Überzeugung macht.

Woher stammt die Tradition, am Schluss Amen zu sagen? Es ist eine biblische Tradition!

Im Buch Nehemia, im achten Kapitel lesen wir, wie Nehemia dem Volk aus der Tora vorliest. Als Esra, der Priester, das Buch vor den Augen des Volkes öffnete, stand das Volk auf:[100]

> Und Esra pries den HERRN, den großen Gott, und das ganze Volk antwortete: Amen, Amen! – wobei sie ihre Hände emporhoben. Und sie verneigten sich und warfen sich vor dem HERRN nieder mit dem Gesicht zur Erde.
>
> *Nehemia 8,6*

Das ist der älteste Hinweis auf die Verwendung des Wortes Amen. Auch im *Kaddisch*-Gebet steht Amen am Schluss.

SCHLUSSWORT

Gott ist ein Gott der Beziehungen und daher ist der Wert der Beziehungen eine Kernidee der Bergpredigt. Wenn wir sie aus jüdischer Sicht betrachten, können wir viel Neues entdecken. Dabei geht es nicht um theoretisches Wissen, denn die Worte Jesu laden uns zum Handeln ein.

So ist Gerechtigkeit kein philosophischer oder mystischer Begriff oder ein unerreichbares Ideal. Es ist eine Tat! Wenn Gott in seiner Bundestreue sein Wort hält, dann ist es unser Part, die Werke der Gerechtigkeit in dieser Welt zu tun. Gerechtigkeit ist eine Frage der Beziehung mit Gott und untereinander. Wie wir Gerechtigkeit leben können, erfahren wir durch die Weisung Gottes, die wir in der Tora und im Neuen Testament finden.

Das Besondere an der jüdischen Tradition ist, dass der Mensch als Partner und Partnerin Gottes gilt und dabei eine viel wichtigere Rolle einnimmt, als wir es aus der christlichen Tradition kennen. Diese Dimension eröffnet einen neuen Zugang zu einem oft gehörten und gesprochenen Text.

Manche angebliche Unterschiede zwischen Judentum und Christentum verschwinden bei näherer Betrachtung. Dazu gehört die Gegenüberstellung von Gesetz und Gnade. Ebenso lehrt Jesus nicht wirklich Antithesen, sondern legt die Tora aus, die als Weisung Gottes, die uns zum Leben gegeben wurde, ihre Relevanz durch sein Kommen nicht verliert. Im Gegenteil, er bestätigt die Tora!

Auch das Vaterunser ist kein reines Bittgebet, sondern verlangt die aktive Beteiligung der Betenden. Beispielsweise sollen wir nicht still auf das Kommen des Reiches Gottes warten, sondern aktiv mitwirken. Gleichzeitig ist es ein Gebet der Buße und der Zueignung. Jeder, der diese Worte recht betet, akzeptiert den Ruf Jesu. Der Messias Jesus rief die Leute zur *teschuwa* (Umkehr), um Teil des Reiches Gottes zu werden. Dafür ist es notwendig, den Mitmenschen zu vergeben und gute Beziehungen zu leben. Diese haben einen direkten Einfluss auf die Beziehung zum himmlischen Vater.

Jesus lehrte seine Jünger dieses Gebet in Hebräisch, in einem vollkommen anderen Umfeld als das, in dem wir leben. Können wir es trotzdem authentisch in unser Gebetsleben aufnehmen? Ich glaube schon, denn die darin enthaltenen Bitten überschreiten die Zeit und sind für die Nachfolger des Messias heute genauso relevant wie damals.

Vielleicht benötigen wir es mehr denn je, in die Verantwortung seiner zeitlosen Botschaft gerufen zu werden, damit sein Reich komme, sein Wille geschehe, wie im Himmel, so auch auf Erden.

Amen.

ANHANG

Worterklärungen

GEMARA – »Vervollständigung«; der zweite und größere Teil des zweiteiligen Literaturwerkes, das als Talmud zusammengefasst ist. Die *Gemara* vervollständigt die Mischna, indem sie ihr wie ein Kommentar dient.

HALACHA – von hebr. *halach* (gehen); Wegweisung, Anweisung zum praktischen Handeln. Die *Halacha* soll im Wesentlichen Anweisung zum Lebenswandel sein. Im Gegensatz zur *Haggada* beschäftigt sie sich nur mit Gesetzestexten.

HERMENEUTIK – von gr. *hermeneúein* (deuten, interpretieren); Lehre vom Verstehen. Auslegungskunst und Erklärung eines Textes.

KEHILA – Gemeinde; »*Kahal Adonai*« bedeutet: »das Volk Gottes«. Die *Kehila* unterscheidet sich vom Begriff Kirche. Der modernen Kirche fehlen das starke Gemeinschaftsgefühl und die Zugehörigkeit zum Volk. Kirchliche Institutionen zusammen können gemeinsam mit unverfrorenem Egoismus die Teilnahme am lebendigen Gemeindeleben durch religiösen Konsum ersetzen. Dagegen ist die *Kehila* ein Ort, wo Spiritualität durch zweckgerichteten Kontakt mit Gott, aber auch mit anderen Gläubigen intensiv gepflegt wird.

MISCHNA – vom hebr. *schanah* (wiederholen) bedeutet allgemein, dass man durch Wiederholung die mündliche Überlieferung lernt und lehrt, das heißt auswendig lernt und dann weitergibt. Im Besonderen meint Mischna den Hauptteil des Talmuds, der um 200 n. Chr. schriftlich fixiert wurde.

MITZWA (MITZWOT) – hebr. מִצְוָה (Gebot); ein Gebot im Judentum, das von der talmudischen Literatur in der Tora benannt wird oder von Rabbinern festgelegt wurde. Im Gegensatz zur *Halacha*, die das gesamte »religionsgesetzliche« System des Judentums meint, bezeichnet Mitzwa eine einzelne Pflicht.

TARGUM – hebr. תַּרְגּוּם (Übersetzung, Erklärung); eine antike Übersetzung von hebräischen oder altgriechischen Bibel-Handschriften in das Aramäische. Ein *Targum* kann neben der »einfachen« (*peschat*) wörtlichen Bedeutung auch Stellen enthalten, die wie ein Midrasch interpretativ übersetzt und wie ein Kommentar erweitert und gedeutet sind. Targumim sind zwischen 200 vor und 800 nach Christus entstanden.

TeNaCH – das Alte Testament, Akronym von T = Tora; N = Newi'im (Propheten); Ch = Ketuwim (Schriften).

TORA – von hebr. תּוֹרָה (Gebot, Weisung, Belehrung); der erste Teil des TeNaCH. Sie besteht aus den fünf Büchern *Bereschit* (»Im Anfang«; 1. Buch Mose, Genesis), *Schemot* (»Namen«; 2. Buch Mose, Exodus), *Wajikra* (»Und Er rief«; 3. Buch Mose, Levitikus), *Bamidbar* (»In der Wüste«; 4. Buch Mose, Numeri) und *Dewarim* (»Worte«; 5. Buch Mose, Deuteronomium).

ZEDAKA – Wohltätigkeit; ein jüdisches Gebot. *Zedaka* spielt in der jüdischen Tradition eine wichtige Rolle, Männer und Frauen sind ihr gleichermaßen verpflichtet.

Moses Maimonides (hebr. Mosche ben Maimon), ein jüdischer Philosoph, Rechtsgelehrter und Arzt, der als bedeutender Gelehrter des Mittelalters und als einer der bedeutendsten jüdischen Gelehrten aller Zeiten gilt, teilte *Zedaka* in acht Stufen ein:

1. Dem Bedürftigen die Möglichkeit geben, sich selbstständig zu ernähren (Hilfe zur Selbsthilfe)
2. Wohltätig sein in einer Weise, dass der Spender und der Bedürftige nicht voneinander wissen
3. Der Wohltäter weiß, wem er gibt, aber der Arme erfährt die Identität des Spenders nicht
4. Der Gebende kennt nicht die Identität des Bedürftigen, aber dieser kennt den Spender
5. Geben, bevor man gebeten wird
6. Geben, nachdem man gebeten wird
7. Zwar nicht ausreichend, aber mit Freundlichkeit geben
8. Mit Unfreundlichkeit geben

ANMERKUNGEN

1 TeNaCH – ist ein Pseudonym für das Alte Testament. T = Torah; N = Newi'im (Propheten); Ch = Ketuwim (Schriften).

2 Papias, Irenäus, Tertullian, Origenes, Eusebius von Cäsarea.

3 Siehe Worterklärungen zu Kehila.

4 bSchabbat31a; zitiert nach Joshua Foer u. Brett Lockspeiser (Hg.), in www.sefaria.org: Talmud Bavli. https://www.sefaria.org/texts/Talmud/Bavli, letzter Abruf 31.07.2019; Deutsch durch den Autor.

5 Ein Midrasch (hebr. מדרש; Plural Midraschim) ist eine Auslegung religiöser Texte im rabbinischen Judentum.

6 Mischna bezeichnet den Hauptteil des Talmuds; mehr dazu in den Worterklärungen.

7 Mischna, Sanchedrin 10,1; zitiert nach www.sefaria.org: Mishnah. https://www.sefaria.org/texts/Mishnah, letzter Abruf 31.07.2019; Deutsch durch den Autor.

8 Jesus Sirach heißt ein Buch des Judentums, das vor 175 v. Chr. entstanden ist. Es wurde nicht in den hebräischen Tanach übernommen, ist aber eine der Apokryphen im christlichen Alten Testament. Vgl. Wikipedia »Jesus Sirach«. https://de.wikipedia.org/wiki/Jesus_Sirach, letzter Abruf 29.10.2018.

9 Johannes 1,1.

10 Levirat (von lateinisch *levir* = Schwager) bezeichnet die Sitte, dass der Bruder eines kinderlos Verstorbenen dessen Witwe heiratet. Sie dient in der Tora dazu, die erbberechtigte männliche Nachkommenschaft zu erhalten. Vgl. Wikipedia »Levirat«. https://de.wikipedia.org/wiki/Levirat, letzter Abruf 31.10.2018.

11 Susanne Schmid-Grether: Auge um Auge, Zahn um Zahn – Texte aus der Bergpredigt auf dem jüdischen Hintergrund unter die Lupe genommen, BoD 2019, S. 34.

12 Genesis Rabba 8 (6b) in August Wünsche (Übersetzer und Hg.): Bibliotheca rabbinica – eine Sammlung alter Midraschim. Leipzig 1980–1985. Online-Ausgabe: Universitäts-Bibliothek Frankfurt a. M. 2011–2013. http://sammlungen.ub.uni-frankfurt.de/freimann/content/titleinfo/5019362, letzter Abruf 31.07.2019.

13 Mischna Yoma III,3; zitiert nach www.sefaria.org: Mishnah, a. a. O.; Deutsch durch den Autor.

14 Schmid-Grether: Auge um Auge, a. a. O., S. 42.

15 Zaddik (hebr.): Gerechter; vgl. Zedaka: Gerechtigkeit.

16 Ulrich Parzany: Vortrag auf der Israelkonferenz des Evangeliumsdienstes für Israel im Juni 2015.

17 Wajikra Rabba 9 in Wünsche: Bibliotheca rabbinica, a. a. O. Anmerkung: Ich bin fasziniert, wie dieser jüdische Kommentar bewusst oder unbewusst die Rolle des Messias beschreibt.

18 bSanchedrin 64a; zitiert nach www.sefaria.com: Talmud Bavli, a. a. O.; Deutsch durch den Autor.

19 bBekhorot 8; zitiert nach Sefaria (Hg.): Talmud Bavli, a. a. O.; Deutsch durch den Autor.

20 Midrasch Sof 1,5.8 zitiert nach www.sefaria.com: Midrash. https://www.sefaria.org/texts/Midrash, letzter Abruf 31. 07. 2019; Deutsch durch den Autor.

21 Eine Tora-Akademie könnte man mit einem Bibelseminar oder einer Bibelschule vergleichen.

22 bSchabbat 31a; zitiert nach www.sefaria.com: Talmud Bavli, a. a. O.; Deutsch durch den Autor.

23 Michael Conley: Marcions Stellung im frühen Christentum – Ein politisches Machtspiel. S. 2–3. http://radikalkritik.de/wp-content/uploads/2016/06/Marcion_Conley.pdf, letzter Abruf 06. 08. 2019.

24 Aboth 2, 1; Jehuda ha-Nasi (hebr. יהודה הנשיא), Jehuda I. oder Rabbenu ha Qadosch (רבנו הקדוש, unser heiliger Rabbi; * ca. 165; † 15. Kislew 217 in Sepphoris), war ein wichtiger jüdischer Gelehrter und Patriarch. Sein großes Verdienst ist die abschließende Redaktion der Mischna. Er schließt damit das Zeitalter der Tannaiten ab.

25 yQid 1,61b; zitiert nach www.sefaria.com: Talmud Yerushalmi. https://www.sefaria.org/texts/Talmud/Yerushalmi, letzter Abruf 31. 07. 2019; Deutsch durch den Autor.

26 Lv. R 19 (118); zitiert nach www.sefaria.com: Midrash, a. a. O.; Deutsch durch den Autor.

27 Midrasch HL 5,11 (119b), s. oben S. 244y; zitiert nach Sefaria (Hg.): Midrash, a. a. O.; Deutsch durch den Autor.

28 Pirkei Awot 2,15; zitiert nach www.sefaria.com: Mishnah, a. a. O.; Deutsch durch den Autor.

29 Pirkei Awot 1,1; zitiert nach www.sefaria.com: Mishnah, a. a. O.; Deutsch durch den Autor.

30 bBawa Mezija 58b; zitiert nach www.sefaria.com: Talmud Bavli, a. a. O.; Deutsch durch den Autor.

31 Vgl. auch 2. Mose 21,12-15; 5. Mose 21,21; 3. Mose 20,10; 5. Mose 22,22; 2. Mose 22,18.

32 Vgl. George Lamsa: Die Evangelien in aramäischer Sicht, Neuer Johannes-Verlag 1963, S. 78 f.

33 bBawa Mezija 58b; zitiert nach www.sefaria.com: Talmud Bavli, a. a. O.; Deutsch durch den Autor.

34 bTaanit 20b; zitiert nach www.sefaria.com: Talmud Bavli, a. a. O.; Deutsch durch den Autor.

35 Schmid-Grether: Auge um Auge, a. a. O., S. 79.

36 bYoma 8,9; zitiert nach www.sefaria.org: Talmud Bavli, a. a. O.; Deutsch durch den Autor.

37 Wajikra Rabba 23,12; Wilna34a in Wünsche: Bibliotheca rabbinica, a. a. O.

38 bBawa Mezija 59; zitiert nach www.sefaria.org: Talmud Bavli, a. a. O.; Deutsch durch den Autor.

39 bNedarim 30b; zitiert nach www.sefaria.org: Talmud Bavli, a. a. O.; Deutsch durch den Autor.

40 bKidduschin 2; zitiert nach www.sefaria.org: Talmud Bavli, a. a. O.; Deutsch durch den Autor.

41 bJewamot 63; zitiert nach www.sefaria.org: Talmud Bavli, a. a. O.; Deutsch durch den Autor.

42 bSota 2; zitiert nach www.sefaria.org: Talmud Bavli, a. a. O.; Deutsch durch den Autor.

43 bBerakhot 61a; zitiert nach www.sefaria.org: Talmud Bavli, a. a. O.; Deutsch durch den Autor.

44 bNedarim 20a; zitiert nach www.sefaria.org: Talmud Bavli, a. a. O.; Deutsch durch den Autor.

45 bSota 20a; zitiert nach www.sefaria.org: Talmud Bavli, a. a. O.; Deutsch durch den Autor.

46 Mischna, Gittin IX,10; zitiert nach www.sefaria.org: Mishnah, a. a. O.; Deutsch durch den Autor.

47 Als Essener oder Essäer wird eine religiöse Gruppe im antiken Judentum vor der Zerstörung des Jerusalemer Tempels (70 n. Chr.) bezeichnet.

48 Flavius Josephus: Geschichte des Jüdischen Krieges, II, VIII, (6), Furier Verlag, 9. Auflage, 1991, S. 208.

49 Pirkei Awot 1,18; zitiert nach www.sefaria.org: Mishnah, a. a. O.; Deutsch durch den Autor.

50 bSota 42a; zitiert nach www.sefaria.org: Talmud Bavli, a. a. O.; Deutsch durch den Autor.

51 Mischna Bawa Qamma 8,1; zitiert nach www.sefaria.org: Mishnah, a. a. O.; Deutsch durch den Autor.

52 bMakkot 1,10; zitiert nach www.sefaria.org: Talmud Bavli, a. a. O.

53 bSanchedrin 72a; zitiert nach www.sefaria.org: Talmud Bavli, a. a. O.; Deutsch durch den Autor.

54 Vgl. David Bivin: Was hat Jesus wirklich gesagt? Die schweren Worte Jesu – ein Schlüssel zu ihrem Verständnis, Leuchter 1997, S. 77.

55 Mischna Bawa Qama VIII,6; zitiert nach Sefaria (Hg.): Mishnah, a. a. O.; Deutsch durch den Autor.
Vier Susim waren ein Schekel. Ein Sus entsprach dem »gerechten Taglohn«, 200 Susim gemäß der Mischna dem »gerechten Brautpreis«. Vgl. Wikipedia: »Sus (Münze)«. https://de.wikipedia.org/wiki/Sus_(Münze), letzter Abruf 13. 07. 2019.

56 Schmid-Grether: Auge um Auge, a. a. O., S. 109.

57 Pirkei Awot 5,10; zitiert nach www.sefaria.org: Mishnah, a. a. O.; Deutsch durch den Autor.

58 bYoma 23a; zitiert nach www.sefaria.org: Talmud Bavli, a. a. O.; Deutsch durch den Autor.

59 Die Qumran-Gemeinschaft, die am Westufer des Toten Meeres lebte, ist eine bisher wenig erforschte Strömung des Judentums in der antiken Zeit. Sie wird mit den Essenern identifiziert.

60 Qumran-Gemeinschaftsregel. In: Iosif Amusin: Qumran-Texte. Verlag Wissenschaft Moskau 1971. S. 17; russischer Titel, Deutsch durch den Autor.

61 Orchot Zaddikim 15c; zitiert nach www.sefaria.org: Orchot_Tzadikim. https://www.sefaria.org/Orchot_Tzadikim.15?lang=bi, letzter Abruf 31.07.2019; Deutsch durch den Autor.

62 Avot von Rabbi Natan A 23,1; zitiert nach www.sefaria.org: Or HaChaim on Deuteronomy. https://www.sefaria.org/Or_HaChaim_on_Deuteronomy.1.23?ven=Or_Hachayim,_trans._Eliyahu_Munk&lang=bi, letzter Abruf 31.07.2019; Deutsch durch den Autor.

63 bSchabbat 88b; zitiert nach www.sefaria.org: Talmud Bavli, a. a. O.; Deutsch durch den Autor.

64 Vgl. Wikipedia: »Am haaretz«. https://de.wikipedia.org/wiki/Am_haaretz, letzter Abruf 06.08.2019.

65 bYoma 92b; zitiert nach www.sefaria.org: Talmud Bavli, a. a. O.; Deutsch durch den Autor.

66 Ebd.

67 bSchabbat 33b; zitiert nach www.sefaria.org: Talmud Bavli, a. a. O.; Deutsch durch den Autor.

68 bRosch Haschana 17a; zitiert nach www.sefaria.org: Talmud Bavli, a. a. O.; Deutsch durch den Autor.

69 Midrasch Schir Ha Schirim Rabba 5,2; zitiert nach www.sefaria.org: Midrash, a. a. O.; Deutsch durch den Autor.

70 bTaanit 11b; zitiert nach www.sefaria.org: Talmud Bavli, a. a. O.; Deutsch durch den Autor.

71 Zvi Kolitz: Jossel Rakovers Wendung zu Gott, Diogenes 2004, S. 99. Zitiert nach www.turmsegler.net: https://turmsegler.net/20061220/jossel-rakovers-wendung-zu-gott, letzter Abruf 13.07.2019.

72 Jörg Zink, zitiert in Joachim-Ernst Berendt: Geschichten wie Edelsteine, Kösel 1996, S. 75; Anm.: Die Geschichte wurde fälschlicherweise in der Vergangenheit als »Wahre Geschichte aus dem Warschauer Ghetto« veröffentlicht, ohne den Originalautor Zvi Kolitz anzugeben.

73 Vgl. Didache 8,2-3; Die Didache, Lehre der zwölf Apostel ist eine frühchristliche Schrift, die zu Beginn des 2. Jahrhunderts verfasst wurde.

74 Vgl. Siddur Sefat Emet, mit deutscher Übersetzung von Rabbiner Dr. S. Bamberg, Basel 1972, S. 545.

75 Das Kaddisch (קדיש, aram. »heilig« bzw. »Heiligung«) ist eines der wichtigsten Gebete im Judentum. Es entstand in den nachchristlichen Jahrhunderten, wobei es sich erweiterte und sich sein liturgischer Gebrauch veränderte. Die ältesten Fassungen finden sich in Geniza-Fragmenten, die keinem bestimmten Werk zuzuordnen sind. Eine Version in einem Siddur des Amram Gaon (um 900) basiert auf einer aschkenasischen Bearbeitung, die keiner der älteren Fassungen entspricht. Im Gegensatz zu fast allen anderen jüdischen Gebeten ist seine Sprache nicht nur Hebräisch, sondern auch Aramäisch. Das Gebet ist im Wesentlichen eine Lobpreisung Gottes. Vgl. Wikipedia: »Kaddisch«. https://de.wikipedia.org/wiki/Kaddisch, letzter Abruf 24. 10. 2018.

76 »Abba kann in Jesu Worten je nach Sinnzusammenhang Vater und der Vater bedeuten; aber auch mein, dein, unser, euer Vater. Da alle diese Bedeutungen von Abba jedesmal mitschwingen, läßt es sich nirgends mit nur einem deutschen Ausdruck angemessen wiedergeben. Daraus folgt: Wer Jesu Sprachgebrauch nicht überfremden will, der muß das Wort Abba unübersetzt lassen.« Günther Schwarz: Das Jesus-Evangelium. Ukkam-Verlag 1993, S. 448.

77 Vgl. Das Gebet »Awinu Malkenu«.

78 Abraham Joshua Heschel: Gott sucht den Menschen – Eine Philosophie des Judentums, Neukirchener Verlag, 1995, S. 145.

79 Rabbiner Ezriel Tauber: So wie im Himmel, so auf der Erde. 1. Kapitel. Zitiert nach: haGalil.com – Jüdisches Leben online. http://www.hagalil.com/judentum/grundlagen/tauber-1.htm, letzter Abruf 30. 07. 2019.

80 Ebd.

81 Es ist bemerkenswert, dass das griechische Wort für Dankbarkeit *eucharistia* ist. Mit diesem Begriff drücken Christen aus, was beim Abendmahl (auch Herrenmahl, Brotbrechen) bzw. der heiligen Kommunion geschieht.

82 David Bivin: Jesus von Nazareth – seine Welt, seine Worte, seine Weisheit. Neue Einsichten in schwierige Worte Jesu vor hebräischem Hintergrund, Asaph 2015, S. 34. Ich empfehle auch das Kapitel »Wie Jesus Segnungen verstand«, in dem auf alle Beispiele der Brotsegnung in den Evangelien eingegangen wird.

83 David H. Stern: Das jüdische Neue Testament. SCM R.Brockhaus 1994, S. 51.

84 bSota 48; zitiert nach www.sefaria.org: Talmud Bavli, a. a. O.; Deutsch durch den Autor.
Es handelt sich um eine Mechilta zu 2. Mose 16,4; Die *Mechilta* (aram. מכילתא) ist ein halachischer Midrasch zum 2. Buch Mose (hebr. Sefer Schemot). Das Wort kommt aus dem Aramäischen und bedeutet so viel wie das hebräische *Midda* (מדה »Maß«, »Norm«).

85 Transsubstantiation (lat. für »Wesensverwandlung«) bezeichnet in der christlichen Theologie die Wandlung von Brot und Wein in den Leib

und das Blut Jesu Christi in der heiligen Messe. Vgl. Wikipedia: »Transsubstantiation«. https://de.wikipedia.org/wiki/Transsubstantiation, letzter Abruf 29. 10. 2018.

86 Das Achtzehnbittengebet (auch Achtzehngebet) (hebräisch שמנה עשרה Schemone Esre ›achtzehn‹), oft Amida (עמידה von עמד ›stehend‹) oder Tefilla (תפילה ›Gebet‹) genannt, ist das Hauptgebet im jüdischen Gottesdienst. Vgl. Wikipedia (Hg.): »Achtzehnbittengebet«. https://de.wikipedia.org/wiki/Achtzehnbittengebet, letzter Abruf 29. 10. 2018.

87 Seder ha Tfilot – Das jüdische Gebetsbuch. Band I. Gütersloher Verlag 1997, S. 227.

88 Mischna Yoma 8,9; zitiert nach Sefaria (Hg.): Mishnah, a. a. O.; Deutsch durch den Autor.

89 Midrasch Devarim 96, in Wünsche: Bibliotheca rabbinica, a. a. O.

90 Fjodor Dostojewski: Die Brüder Karamasow. 21. Aufl., München 2006, S. 330.

91 Hubert Brune: Friedrich Wilhelm Nietzsche (1844–1900). http://www.hubert-brune.de/nietzsche_dwzm.html, letzter Abruf 29. 10. 2018.

92 Seder ha Tfilot, a. a. O., S. 173.

93 Pirkei Awot 5,3; zitiert nach www.sefaria.org: Mishnah, a. a. O.; Deutsch durch den Autor.

94 Dieser Gedanke findet sich bei Rabbi Pinchas Polonski.

95 bSanchedrin 107a; zitiert nach www.sefaria.org: Talmud Bavli, a. a. O.; Deutsch durch den Autor.

96 Qumran-Rollen aus Höhle 11, Syrisch. In: Iosif Amusin: Qumran-Texte, a. a. O. S. 20; Deutsch durch den Autor.

97 Klaus Wengst: Das Regierungsprogramm des Himmelreichs – Eine Auslegung der Bergpredigt in ihrem jüdischen Kontext, Kohlhammer 2010, S. 161.

98 Zitiert nach Richard Janus et al. (Hg.): Massen und Masken: Kulturwissenschaftliche und theologische Annäherungen. S. 305. https://books.google.de/books?id=g2O8DgAAQBAJ&pg=PA305&lpg=PA305&dq=bonhoeffer+zitate, letzter Abruf 29. 10. 2018.

99 Vgl. Johannes 21,20-22.

100 Wenn in der Synagoge oder einer messianischen Gemeinde der Toraschrank geöffnet wird, steht die ganze Gemeinde auf aus Ehrfurcht vor dem Wort Gottes; Anm. des Autors.

edi Evangeliumsdienst für Israel

Evangeliumsdienst für Israel (EDI)

Ziele des EDI:

- Eine positive Haltung zum jüdischen Volk fördern.
- Christen bewusst machen, dass ihr Glaube im biblischen Judentum verwurzelt ist.
- Messianische Juden – Juden, die an Jesus glauben – unterstützen.
- Jüdischen Menschen in Liebe und mit Respekt bezeugen, dass Jesus von Nazareth ihr Messias ist.
- Wir fördern die Begegnung von Messianischen Juden und arabischen Christen in Israel

Der Evangeliumsdienst für Israel e.V. (EDI) ist als freies Werk innerhalb der Ev. Landeskirche Württemberg Mitglied der Württembergischen Arbeitsgemeinschaft für Weltmission (WAW). Wir sind Mitglied der in der EKD eingegliederten EvangelischenMittelost-Kommission (EMOK), Mitglied der Lausanner Bewegung für Evangelisation unter Juden (LCJE) und der Arbeitsgemeinschaft Evangelikaler Missionen (aem).

Evangeliumsdienst für Israel e. V.
Postfach 3137 · 73751 Ostfildern
Fon 0711-793987
edi@evangeliumsdienst.de
www.edi-online.de